さらりと生きてみる

自分がほどける1分法話

えしゅん
天台宗正明寺法嗣

さくら舎

はじめに

合掌《がっしょう》して手を合わせてみると、その手の温もりを感じます。自分の中に流れる命を感じる瞬間です。しかし、現代社会ではそうした一瞬の静寂をもって立ち止まることさえ難しいほど、忙しい時間が流れています。

私はインターネットを通じて、仏教の教えを動画で伝えています。最近の動画はテンポが速く、短時間で多くの情報を伝えるものが好まれる傾向があります。「タイムパフォーマンス」、いわゆる「タイパ」という言葉も目にするようになりました。

一方、仏教にはゆったりとした時間のイメージがあるのではないでしょうか。仏教は、二千五百年の歴史を持つ静かで重層的な深い教えです。お釈迦《しゃか》様の教えを基に、多くの人々が時代や地域を超えて模索《もさく》し、発展させてきました。

そんな仏教の教えを、現代の速さに対応する一分の動画で伝える試みを始めました。はじめは本当に一分でその深さを伝えられるのか、と迷いながらのスタートでした。「タイパ」を重視する価値観の中で、仏教を消費するだけではないかという不安もありました。しかし実際に始めてみると、多方面からありがたい反響をいただきました。一分間で仏教の教えを詳しく伝えることはできません。しかし、視聴された方々は、自分の過去の経験と仏教の教えを結びつけ、「そういえばこんなことがあった」という共感をもって、理解を深めてくださっています。

「一切衆生《いっさいしゅじょう》は悉く《ことごと》仏性《ぶっしょう》有り」

『涅槃経《ねはんぎょう》』にはすべての人は仏の心「仏性」を持つ尊い存在だとあります。自分の体験とリンクさせて仏教の教えに共感するということは、私たちの内にある「仏性」の共鳴に他なりません。

どんどん次の動画を見たい！　と画面をスクロールし続ける動画メディアの中で、仏教の話をきっかけにいったん立ち止まり、それぞれの心と向き合ってくださっていることは、僧侶《そうりょ》としてとてもうれしいものでした。

この本は、私がこれまで発信してきた内容に加筆修正をし、新原稿を加えてまとめたものです。尊い仏性の存在をあらためて確かめられるような一節が見つかり、よりよく生きるためのご縁となったならば、これ以上の幸せはありません。

天台宗《てんだいしゅう》　正明寺《しょうみょうじ》法嗣《ほっし》　えしゅん

目次◆さらりと生きてみる——自分がほどける1分法話

第2章 心と向き合う

第3章 さわやかな人間関係

第4章 さらりと生きる

第5章 「生き死に」と共に

さらりと生きてみる

——自分がほどける1分法話

第1章　自分をほどく

1 自分を軽んじない

自分のことを軽《かろ》んじないでください。

自分に自信がない人に、この言葉を紹介します。

「自ら軽んずることなかれ。宿世《すくせ》の善根《ぜんこん》、測り難《がた》きを以《もっ》ての故《ゆえ》に」（『天台小止観《てんだいしょうしかん》』）

六世紀に活躍した天台大師《てんだいだいし》智顗《ちぎ》という方の言葉です。訳すと、

「自分のことを軽んじたらダメだよ。こうやって今生きてるってことは、これまで自分が考えられないほど頑張ったってことなんだから」

こういう意味です。

人間って驚くほどあっけなく、命を落とすときがあります。ちょっとしたことで、生きられなくなるんです。

逆にいえば、**今生きているってことは、生きる力をしっかりと持っているってこと**です。あなた自身の努力があるから生きているし、あと、あなたに生きてほしいと願っ

た人がいて、愛されるだけの価値ある人間であるからこそなのでしょう。

少なくとも、あなたの心臓は生きようとして酸素を運んでいます。呼吸して、生きようとしているそれぞれの体があって生きています。あっけなく命を落とすこの世の中で、生きる力が働いている、この事実は認めないといけません。

自分を軽んじないでください。

✿あっけなく命を落とす世の中で、生きる力が働いて生きている自分

2 煩悩はなぜ悪い？

「煩悩《ぼんのう》」って何なんでしょうか？　簡単にいえば心の「煩《わずら》いごと」、私たちの心を悪い方向に引っ張っていくものです。

年末年始に聞こえる除夜の鐘は、煩悩の数（一〇八）だけ鳴らされます。これは、煩悩を除いて新年を穏やかに迎えようという願いがこめられています。

「私は煩悩だらけだよ！」と笑い話として話す程度には身近な言葉だとも思うのですが、煩悩は私たちにとって、具体的にどう悪いものなんでしょうか？

「物を買いすぎちゃう！　欲しい気持ちが止まらない！」

「すぐにイライラしちゃう！」

確かにそれらは煩悩の一例です。でもそれだけだと、いまいち害を感じられないのではないでしょうか。「煩悩だらけなのが人間だよ。それでオッケー」となってしまいます。

煩悩という言葉で大事なのは、「縛《しば》られている」という感覚です。**煩悩は縛られている状態**なんです。

固定観念で思考を縛られている状態はもちろん、「欲しいが止まらない！　イライラしちゃう！」という状態も、私たちの行動を縛っているんです。

欲望や怒りによって貴重な時間を費やし、逃れられない束縛《そくばく》状態になってしまいます。

そう考えると、煩悩は身近なものとしてイメージしやすくなりませんか？

そして、その煩悩という縛りから自由になるのが仏教の目指すところです。みんなで自由に生きませんか？

✿私たちを縛る煩悩から自由になる

3 ポジティブにならなくてもいい

私の動画へのコメントで「すべてを幸せと思えるよう心がけていますが難しい。根っからのネガティブで……」と言う方をお見かけすることがありました。

ポジティブに生きよう、何事も考え方次第！　という話はよく聞きますもんね。

しかしもし、考え方次第でポジティブに人生を変えられるなら、みんなが幸せになっています。

頭で知識として知っていて、わかっていても、できない。だから難しいわけです。

部屋の片付けだって、やった方が気持ちいいことは知っている。ただ、わかっているけどできないんです。片付け方を知ってできるなら、片付け術の本がずっと売れ続けることはないんです。

考え方だけでは変われない。ふだんの習慣から身についている心の癖《くせ》はしつこいものです。

ポジティブに思いたくても不安なことを考えずにはいられないもの。それは人間としてのはるか昔からの習慣です。悪い状況を想定できるからこそ、危機を回避して種《しゅ》を繁栄させてきました。**根っこにネガティブな素養がある**んです。だから、ポジティブに考えないと、と無理する必要はないです。ポジティブに思えないときはあります。

まずは自分の身にしみつく心の癖を知ることから。

素直に、自分の気持ちを受け止められるといいなと思うんです。

✿自分が身につけている心の癖を知る

4　言葉は刃物

「人が生まれたときには、実に口の中には斧《おの》が生じている。愚者《ぐしゃ》は悪口を言って、その斧によって自分を斬《き》り裂《さ》くのである」（『スッタニパータ』）

言葉は刃物といいます。

ときに相手を傷つける、それも癒《い》えることのない傷を与えることがある、それが言葉です。

お釈迦《しゃか》様も、「人は生まれたときから口の中に斧があるのだ」とおっしゃっています。

要は言葉という刃物を持っているということです。

しかもその刃物は相手を傷つけるだけでなく、愚《おろ》かなことに、自分を斬り裂くのだとおっしゃっています。

言葉の刃物を振り回すときには、自分の口の中もズタズタになります。

たとえ相手を傷つけてストレスを発散した気がしたとしても、自分も傷つき弱ってい

ます。

どんどん傷つきやすくなっていきます。

暴言を吐《は》かない、それは相手を思いやる行動なだけでなく、自分を大切にする行動でもあるのだと、知ってほしいです。

✽言葉の刃物を振り回すとき、自分も傷つき弱っている

5 自分に自信が持てない

「一隅《いちぐう》を照らす、これ即ち国宝なり」（『山家学生式《さんげがくしょうしき》』）

この言葉は私のいる天台宗で大切にされている言葉です。それぞれの立場で、**自分のまわりを明るく照らすような行動をする人物こそ、国の宝となる存在である**という意味です。

最近、「自己肯定感が上がらない」「自分に自信が持てない」そんな人々が増えています。中には小さな頃から「あなたができることは、みんなできるの」と言われて育ったことで、自信を持てないと悩む方もいらっしゃいました。

「あなたができることは、みんなできるの」。これは厳しい物言いですが、わかるところもあります。みんなができるかどうかはわかりませんが、自分にしかできないことってそうはないでしょう。

世の中には時折、輝かしい活躍をする方がいらっしゃいます。研究で新しい技術を発見する人、頭がめちゃくちゃ切れる人、スポーツのプロなど。唯一無二《ゆいいつむに》の存在で憧《あこが》れます。

それらの方々が素晴らしいのは言うまでもないことですが、私個人にとっては、近所のコンビニで親切にしてくれるバイトのお兄さんや、気持ちよく荷物を運んでくれる配達員さんは、より身近で、それゆえに感謝しているありがたい存在です。

特別なことができなくても、身近にいるということが何より特別なことなんです。

みなさんのまわりにも、そういった人がいませんか？　きっと私たち自身も、誰かにとっての身近な支えとなる存在になれるはずです。それぞれの場所でまわりの人を喜ばせる人は貴重な人材です。

「一隅を照らす、これ即ち国宝なり」です。

❊特別なことができなくても、身近な支えになれることが特別

6 不安が止まらない

「激流もおし流すことのできない島をつくれ」（『法句経《ほっくぎょう》』25）

不安な世情が続くと、私たちはすぐにあれこれと不安なことを考え続けます。よくないなと思っていてもその思考は止《とど》まるところを知りません。

そんなネガティブへ、ネガティブへと流れる思考を断ち切り、流されない島、つまり「拠《よ》りどころ」を自分の中につくっていくことが仏様の教えです。

そのために坐禅《ざぜん》・瞑想《めいそう》・念仏《ねんぶつ》など、心のトレーニングがあります。

しかし、**はじめに大事なのは「体づくり」です。しっかりと「寝る」「食べる」「動く」**。まずはできることをやっていきましょう。

心と体は別個の存在ではありません。

穏やかな心をつくるには、体を整えることが近道です。

体を整えたうえで心を整え、激しく揺れ動く感情に流されない心の拠りどころが生まれれば、他人にも優しくできるでしょう。
そしてその優しさが広まっていけば、よりよい社会になる。そう思うのです。

✼ネガティブ思考を断つにはしっかり「寝る」「食べる」「動く」

7 落ち込んだとき

心が沈んだとき、目の前の悲しみばかりが大きく見えて、他のことがまったく見えなくなることがあります。悲しい出来事は私たちの心を強く握って放しません。そこから逃《のが》れるのは難しいものです。ときにはその悲しみに支配されて、自分のすべてがダメに思えてしまうこともあるかもしれません。

しかしこれは、夜道で懐中電灯を使って道の一部分だけを見つめているようなものです。ただ悲しいことに焦点《しょうてん》を当てているだけで、本当はそのまわりには、いつもと同じように世界が広がっています。

ですから、**落ち込んでいるときには、なんでも行動を起こしてみるのがよい**のかもしれません。お寺にいると、大切な人が亡くなった際に巡礼と呼ばれるお寺巡《めぐ》りに行かれる方を目にします。有名なところだと四国のお遍路《へんろ》さんです。あと関西には西国三十三所巡礼という観音《かんのん》様のお寺を巡ることも広く行われています。

巡礼をして何が変わるのか？　目に見えないものに懐疑的な人々には不思議に映るかもしれません。

しかし、とあるおばあちゃんが言っていました。難しいことはわからないけど、巡礼を通していろんな出会いがあって、それがとにかくよかったと。

人との出会い、自然との触れ合い、お経を読んで仏様との交流……新鮮な刺激を受けることで、視野が広がり、今まで悲しみばかりに向いていた目が、まわりの世界に向けられるようになります。その結果、自分の抱える悲しみが相対的に小さく感じられるようになるのかもしれません。

心が沈んでいるとき、私たちの世界は狭《せば》まっています。しかし、実際には世界はもっと広大なものです。悲しみを小さな自分の中だけに抱え込んでしまわないようにしてください。

✤小さく狭まった世界を変えるのは何気ない行動

8 目標は目じるし

目標を立てることは嫌いですか？

仏教でははるかな目標、「誓願《せいがん》」というものを立てます。海の水をバケツで汲《く》み切るくらいの志《こころざし》で、仏の道を歩む決意を固める。果てしない目標です。

ただ、目標って、決めてもなかなか達成できません。

目標を達成できなかったとき、落ち込んだり、できない自分にイライラしたり。「もう目標なんて立てるのやめよう……」と思うかもしれません。

確かに目標を立てるとプレッシャーになります。

しかし、目標って「目印」なんです。「目標」と書いて「めじるし」と読みます。進んで行く方向を示すものということです。

目標に辿《たど》り着けなくても、目標《めじるし》に向かって歩いていることが大事です。

〝砂漠《さばく》を旅するものは 星に導かれて進む〟

ユダヤ教のラビ（指導者）の言葉だそうです。

何も目印がない中で砂漠を越えることは困難なことです。そこで星を目印にして歩くのだそうです。けれどもそれで星に辿り着くわけではありません。**星を目指して歩いていくと、街に行き着く**んです。

目標ってそういうものじゃないでしょうか？　はるかな先でもいい。大事なのは近づいていくこと。そして**ふと歩みを振り返ったとき、遠くまで来たな、と思える**。そんな目標との向き合い方ができればいいなと思うんです。

✤目標《めじるし》に向かって近づいていくことが大事

9 自分の意見

「主義・主張なんて持たない方が平和なんじゃないでしょうか？」

そんな相談を受けました。

昨今、私たちは「自分の意見」を持つことを求められます。自分の考え、主義や主張がなければ半人前だという風潮を感じます。だから私たちは「自分の主義を持たないと！」と焦《あせ》っているときがあるかもしれません。

しかし自分の人生を貫き通す信念なんて、そうそうあるものではありません。そこでついつい、私たちは簡単な答えを求めて、何か他のものに依存することがあります。

確かに「これでいいや」と思える主義・主張に身を委《ゆだ》ねてしまうことって楽なんです。特に宗教の世界では、身を委ねさせることがよくあるんじゃないかと思います。実際、教義に任せて思考停止して生きていくことは楽なのかもしれません。

しかし、仏教では、そのような姿勢は間違っていると注意されています。

たとえ、仏様の教えであっても、それに執着《しゅうちゃく》するのならば、間違った姿勢であると戒《いまし》められています。

本当に大切なのは、固定した主義を持つことではなく、自分自身と周囲の世界との間で、自分の考えを絶えず見直し、調整していくことではないでしょうか。だからこそ、**仏教の教えはつねに自分自身と向き合って生きることを勧めています。**それでも、主義主張にこだわってしまうケースは存在しますから、難しい問題です。どの分野においても、それぞれの主義や主張が存在するのは当然です。しかしそこへの執着が争いの種になることを忘れてはいけないなと思います。

✿自分と向き合い、考えを絶えず見直し、調整していく

10 お経は呪文？

お経には漢字がずらーっと並んでいます。呪文《じゅもん》のように聞こえるからか、「お経って意味がある文章なんですか？」と質問されることもありました。

じつは、**お経はしっかりと意味のある文章です。幸せに生きるための教えが書いてあります。**しかしここで疑問が浮かびます。

「お経ってどうして日本語で意味がわかるように読まれないの？」

一言でお答えすると「しっくり来なかったから」です。

過去には、お経を日本語に訳して皆で読む試みもあったようです。現在でも、一部のお寺では試みられていますが、それほど広まっていないのです。

実際に声を出してお経を読むとわかっていただけると思うのですが、意味を理解するだけが価値ではありません。**漢字の音を読んでいくうちに得られる集中状態や、響きの心地よさ。そこに価値を見出しているのが現在の読経《どきょう》**だと思うのです。

要するに、お経を読んだらスッキリする、ということです。

お経の内容が知りたい方は、本を読んだり、僧侶《そうりょ》のお話を聞くことをおすすめします。

お経の内容を踏まえて話すのが、僧侶の法話です。

お経には、内容を理解すること以外にも、お経を「持つこと」「読むこと」「覚えること」「書くこと」というそれぞれの行為が尊《とうと》いと書かれています。

お経を頭で理解しないと意味がない、というのではなく、ぜひ一緒に読んでください。触れてください。その行為自体にも意味があります。

「考えるな、感じろ」

唐突なブルース・リーの言葉で締めさせていただきます。

✿声を出してお経を読むとスッキリ

11 お経を読むとどうなるか

「お経を読んで何か変わるんですか？」と質問されることがあります。

私たち僧侶は、大切だと言われているお経は何回も何回も読みます。

不思議なもので、くり返しお経を読んでいると、**一年前にはよくわからなかったフレーズが「あー、そういうことか」と腑《ふ》に落ちるときがあります。**

自分の生活の中での体験とリンクするんです。お経自体の内容は変わらないですから、**お経との対比で、自分の変化を知る瞬間**です。

お経って長い年月、ずっと引き継がれてきたものですよね。海を渡って伝えた人がいて、それを書き写して、たくさんの人が受け継いできたものです。偉大な、大きな存在だと思うんです。

そんな大きな存在に日々、くり返し読んで向き合っていくことで、自分の小ささを知ることもあるし、以前の自分からの変化を知ることもあります。

「お経を読んで何か変わるんですか？」という質問の話でしたね。

自分を変えるためにお経を読むときもありますが、それ以上に、そもそも私たちは変わっていっています。

そんな自分の変化に気づかされる一面がお経にはあるなと思いつつ、日々ありがたいもんだという気持ちは忘れないよう、今日もお経を読みたいと思います。

✿お経を読み続けると自分が変わる

12 森を見て木を見ず

「森を見て木を見ず」そんな状態に陥《おちい》っていませんか？

「木を見て森を見ず」という言葉がありますね。細かい部分にばかり注目して全体を見落とす、という意味の言葉です。しかし逆に、大局的な視点に固執《こしゅう》しすぎて、個々の要素を見落としている人も多いのではないでしょうか。

そこに一本一本の木があることを無視していませんか？

たとえば、「これだから男は……」「これだから女は……」といった表現は、男性や女性をひとくくりにして特定の特徴だけに注目している状態です。それぞれの個人を見ていないのです。

また、「あの国の人は……」というような特定の国の人々に対しても同様のことが言えます。

ひとりひとりの人生や苦悩に気づかず、ひとくくりにして批判することは、それぞれ

個々の存在を見落としていることを意味します。

森とは個々の木が集まってできたものであるように、男性や女性、国といった言葉も、個々の存在が集合しているものなのです。私たちは「森」とか「国」と簡単に呼びますが、その中にいる個々の存在を忘れてはなりません。

木を見て森を見ずにも、森を見て木を見ずにもならないよう、冷静な判断を心がけていきたいものです。

❋一本一本の木、ひとりひとりの人生を見ているか

13 毒を抜く

お経に「毒矢のたとえ」という話があります。

とある旅人が道を歩いていると、どこからか飛んできた毒の矢で射られてしまいました。旅人は苦しんではいますが、まだ意識ははっきりしています。「早く治療しなければ！」と近くにいた人が急いで医者を呼ぼうとします。

しかし毒矢で射られた当の本人は「これは誰が放った矢だ！　誰だ？　犯人を連れて来い！　そうだ、その矢はどんな形をしてる？　教えろ！」と犯人探しをしようとして医者を呼ばせないのです。

ここで考えてみてください。旅人が本当にすべきことは何だったのでしょうか？　犯人を見つけるよりも、まずはお医者さんを呼んで体を治す処置をすることですよね。

これと同じことが、最近起こっている気がします。

世の中で不安・怒り・悲しみをともなうニュースが増えたとき、私たちはいろいろと

考え込んでしまいます。どうしてこんな世の中になってしまうんだ……。誰が悪いんだ……。何が正しい生き方なんだ……。

そして誰かの意見を聞きたくて、答えが知りたくて、ＳＮＳやテレビを見続けます。

でもなかなか鬱々《うつうつ》とした気持ちは晴れません。

しかし、**悩んでいるなら本当は、まず体の中の毒を抜かないといけません。いろいろと情報を調べて意見を探す前に、体と心を休めないといけません。**それが最優先です。

毒を抜くには、過剰な情報の刺激を減らすことが効果的です。

ＳＮＳやテレビなどの情報から少し離れてみます。一日の中で数分でも、ゆったりと腰かけてまわりの音に耳を傾けたり、ゆっくりと呼吸をしてみて、リフレッシュしてください。そして心身ともに健《すこ》やかに過ごしていきましょう。

✤情報の毒から離れ、体と心を休める

14 心を落ち着ける方法

心を落ち着けたい！

そんなときには、まず心じゃない箇所を整えていくのがおすすめです。いきなり心をコントロールすることは難しいものです。

坐禅のとき、私のいる天台宗で精神統一法として伝えられている理論を紹介します。

「身・息・心」の順に整えていくことが大切とされています。

①身

背筋を伸ばし、体の緊張を解《と》き、リラックスした状態でまっすぐに座ります。

②息

そうすると自身の呼吸を整えやすくなります。自然な呼吸となっていることでしょう。

姿勢が悪くなったり、力んだり、息が荒くなったり、そんなときはまた姿勢と呼吸を

整えていきます。

③心

すると、自然と心も落ち着いてきます。

心を落ち着けたいからと、一足飛びに心に集中してもうまくいきません。

なぜなら「心ってそもそもなに？」という話で、具体的に何を落ち着けたらいいのかわかりにくいからです。

心を整えるには、まず体と呼吸を整えることから始めてみてください。

❇体と呼吸を整えると、心も自然と整う

15 認められたい

「承認欲求」という言葉を聞いたことがあるでしょうか？　自分のことを認めてほしい！　という人間の根本的な感情のことです。

しばしばこの「承認欲求」はネガティブな意味で使われます。確かに認めてほしいという思いは、私たちを狂わせる恐ろしいものです。

昨今、私たちは人から認められるには、他人よりも抜きん出た何かを持っていないといけないようです。人よりも勉強ができる、スポーツができる、仕事ができるといったように……。しかし、そんなに都合よく他者より抜きん出た能力を持っていることは少ないでしょう。その結果、「認められたい」という思いに突き動かされ、過激な行動に走ってしまうことも起こります。

ただ、人が生まれたときを思い返してみると、この世に生まれたことを祝福されたり、健康に生きてきたことを祝われたときがあったはずです。

何かができるから尊いのではなく、存在自体が尊い。それが命です。少なくとも家族や親しい友達は、存在そのものを認められる関係であってほしいと願います。

そして仏様とは、そんな私たちの理想の姿なのかもしれません。人々をつねに見守り、認める存在です。

「毎自作是念《まいじさぜねん》　以何令衆生《いがりょうしゅじょう》　得入無上道《とくにゅうむじょうどう》　速成就仏身《そくじょうじゅぶっしん》」（『妙法蓮華経《みょうほうれんげきょう》』）

「どうしたら人々は安らかに、幸せに、道を歩んでいけるだろうか」と、仏様はつねにこのような思いを抱き続けて私たちを見守っているのです。

家族であってもお互いを認め合うことが難しいときもあります。そんな中でこの仏様の、つねに私たちの幸せを思う慈悲《じひ》はなんとありがたいことか、と私は感じるのです。

そして私たちも、仏様のように人の幸せを願える人になりたいものです。

✿何ができなくとも、いつも認め見守ってくれているのが仏様

16 なぜ苦しい？

仏教の目指すところを一言で表すならば、「苦しみから離れること」となるでしょう。

苦しい人生なんて嫌なのは当然のこと。離れられるのなら離れたいものです。

でも、その「苦しみ」って、どのような状態のことを指しているのでしょうか？

「苦しい」と一口に言ってもさまざまな状況が考えられます。体が痛かったり、ストレスを受けていたり、やりたいことができなかったり……。これらの状態をひとまとめにして、「苦しい」という言葉を説明するとしたらどうしますか？

仏教でいう「苦しみ」は、「思い通りにいかないこと」という意味です。「満足いかないこと」とも訳されます。**「苦しい状態」とは「思い通りにいかないこと」「満足いかないこと」**なんです。

確かに考えてみると、「こうあってほしい」という自分の理想と、現実とのギャップに苦しみが生まれるのかもしれません。

だから「こうあってほしい」の心が強くなればなるほど、現実とのギャップは大きくなり、苦しみは強大なものとなります。

そこで「**少欲知足**《しょうよくちそく》」という言葉があります。欲を少なくして、すでに得られたものに満足し、心穏やかに生きるという教えです。

「こうあってほしい」の心を過度に増やしすぎて、苦しみのギャップを大きくしないようにするための教えですね。この言葉も、苦しみの意味と一緒に知っていただきたいところです。

✲苦しいのは「こうあってほしい」の心が強いから

17 人と比べてしまう

「他人と比較するな」という言葉を聞いたことがあるかもしれません。これはよりよく生きる方法論として語られることで、大切だと私も思います。しかし実際に実行していくのは難しいものです。

比較しないことは、仏教ではかなり高度な悟《さと》りです。

なぜなら、**何かと比較しないと、私たちは自分自身のことすらわからない**からです。

たとえば、まわりに何もない大海原《おおうなばら》に浮き輪をつけられ放り出されたとしましょう。自分が一生懸命泳いでも、どちらへ進んでいるのか、はたまた本当に進んでいるのかすらわかりません。

目印となる他の存在があるからこそ、自分自身を知ることができるのです。ですから比較をしないことは困難です。

これは私自身の考え方ですが、**何かと比較している自分に気づいたら、それを楽しむ**

ようにしています。

たとえば、「あー、今日も生きてるなー」と面白がることにしています。ちょっとした気休めですが、少しだけ、比較している自分にのめり込まず、距離がとれます。試してみてください。

✻他人と比較したら「今日も生きてるなー」と言ってみる

18 理不尽な人にイライラしたら

相手の態度に納得がいかないときってありますよね。こちらが悪いわけではないはずなのに、相手はこちらの言い分に聞く耳を持たないわけです。私たちはますます納得がいかず、イライラを募《つの》らせていきます。

そして不思議なことに、何も悪くないはずの自分が妥協《だきょう》しなければいけない状況になることもあります。理不尽ですよね。

しかし、大切なことは、**相手の態度に納得いかないと感じたとしても、その感情に囚《とら》われ続けることが一番もったいない**ということです。

私たちの人生は限りあるものです。だからこそ、態度をいっこうに改めようとしない相手に割《さ》く時間はないのです。

他人の行動を変えることは非常に難しいことです。考えてみてください。私たちは自分自身でさえ、感情を完全にコントロールすることはできません。怒りを感じたり、嫉妬したりという反応は、なかなかコントロールできないものです。

自分のことでもそんな有様《ありさま》なのに、他人の行動を変えることなど困難でしょう。

お経でも次のようにあります。

「みずから悪をなすならば、みずから汚れ、みずから悪をなさないならば、みずから浄《きよ》まる。浄いのも浄くないのも、各自のことがらである。人は他人を浄めることができない」（『法句経』１６５）

「他人を浄めることができない」と言われています。**大切なことは、自分はどう生きるかです。**気持ちを切り替えて、次のステップへと進んでいきましょう。すると自分の清々《すがすが》しく生きる姿が、相手を変えることだってあると思いますよ。

✿大切なのは相手を変えることでなく、自分がどう生きるか

19 施しを広げる

「布施《ふせ》」という言葉の意味は、「施《ほどこ》しを布《し》く」、つまり施しを広げるという意味です。
布施という言葉は、お坊さんに渡すお礼の意味でしかご存じない方が多いかもしれませんが、**布施は相手を思いやった行動をする、修行《しゅぎょう》のこと**です。

寄付など、お金の施し（財施《ざいせ》）
知識などを教えてあげる施し（法施《ほうせ》）
優しい言葉や穏やかな表情など、不安を取り除く思いやりの施し（無畏施《むいせ》）

などがあります。
これら施しがまわりに広がると、心が豊かになります。
「分け合えば足る」という言葉があります。欲しいものをいくら手に入れてもそれで満足することはありません。

手に入れるだけでなく、与える。分かち合う。そんな施しを広げることで、心は満たされます。

ものを手に入れて「得をする」ばかりでなく、分かち合うことで「徳をためる」、そんな生き方ができれば素敵だと思いませんか？

✻与え、分かち合うと、心が満たされる

20 善と悪

「よしあしの　中を流れて　清水かな」

この句は、仙厓《せんがい》という江戸時代の僧侶が詠《よ》んだものです。

川を流れる水は、「葦（よし・あし）」と呼ばれる川辺に育つ植物の間をさらさらと流れます。

しかし、**人はすぐに「良し」とか「悪《あ》し」といった善悪の価値観に執着して身動きが取れなくなる。**そんな様子を詠んだ歌です。

私たちは物事を、これは好ましいもの、これは悪いもの、と判断して振り分けていきます。ゴミを燃えるもの、燃えないものと分別するように、心のスペースにポイポイと振り分けて、取り出しやすくしていきます。

しかし、諸行無常《しょぎょうむじょう》というように、物事はつねに移り変わっていきます。

いくら自分の中で、物事を良い、悪いと選《え》り分け、完璧《かんぺき》な収納スペースを作って整理したとしても、その価値観は、場所が違ったり時代が変わったりすると、正しいとは言えないかもしれないのです。

だから良し悪しに執着して価値観の分別作業を行うよりも、流れる水のようにさらさらと、事実を受け入れて、良し悪しにしがみつこうとする手を放す。

そんな仏教的な柔軟で自由な生き方が必要かもしれません。

✿善悪のしがみつきを手放し、流水のようにさらさらと

第2章　心と向き合う

21 自分に優しく

「自分のことがかわいい」という表現はマイナスの意味で使われることが多いです。

しかし、**自分を大切に優しくすることが、優しい慈悲《じひ》の心のはじまりにもなる**のです。

お釈迦《しゃか》様は、「いくら追い求めても自分よりも愛しい存在はどこにも見出せなかった」とおっしゃいます。（『サンユッタ・ニカーヤ』）

これだけ聞くと、ただ自分が大好きな人みたいですが、続きがあります。

「自分が愛しいのは私だけじゃなくて他人も同じ。皆それぞれに自分が愛しい。だから、自分を大事に思う心を持つならば、同じように他人を大事に思わなければならない」

と言うのです。

まずは自分を愛することからでもよいわけです。

慈悲（優しさ）を自分へと向けていきます。そして慈悲の心が生まれてきたら、そこ

からその慈悲の方向をクルッと、自分から他者の方にも同じく向けていくんです。
相手も私と同じく、大切な「自分」として生きているんですから。
だから、まずは自分のことを大切にして優しくしてあげてください。

✻自分を大切にすることが、優しい慈悲の心のはじまり

22 ついつい

すべき仕事があるのに、ついつい後回しにしてできない。受験勉強をすべきなのについつい遊んでしまう。誰しもそんな「ついつい」の経験があるのではないでしょうか。ときにそんな自分を弱い人間と責めて、自分のことを嫌いになることがあるかもしれません。

人は楽をしたいもの。楽な方へとついつい流れます。「水は高いところから低いところへと流れる」とはよく言ったものだと、自身の惰性《だせい》による行いを省《かえり》みて思います。正直にいえば、流れに身を任せ、身を休めることは必要だと思います（言い訳がましく聞こえるかもしれませんが……）。

一方で、惰性の流れに身を任せることなく、その流れに逆らうことができたならば……それは大きな経験となるでしょう。

川の流れの急なことを知るのは、その流れに逆らおうとした人だけです。

天台大師智顗《てんだいだいしちぎ》というお坊さん（中国・隋《ずい》代の僧）がそう言っており、私はその言葉を大切にしています。

「後でやろう……」という、人がついつい流されてしまいがちな流れに逆らうことは、人としての弱さを知ることにつながります。人間としての大きな成長となります。

あとは流れに逆らって努力した経験を、どう活かすかです。

「自分はこれだけのことをしてきた！　あなたは努力が足りない！」と言う人になるか。はたまた、人の弱さを知り、流されることに苦しむ人を理解し、優しくあるか。

私はできれば後者の方がいいなと思います。

✿流れに逆らうことは大きな経験、流されることも経験

23 恨み・憎しみの心

心の中で他人への恨《うら》みや憎しみを抱いたり、不幸を願うことはよくないのでしょうか？　言葉や行動には決して出さず、心の中で、です。

皆さんはどう思いますか？

仏教的には、このような心の持ち方は望ましくありません。

一般的には、思うだけなら問題ないと考えるかもしれませんが、仏教は心穏やかに生きることを目指すことが目的、だからよくないんです。

私たちは、自分の行動によって未来が決まっていきます。

たとえば、今、筋トレをすれば少しずつ筋肉がついていくでしょう。逆に食べるだけで運動しないと太るでしょう。当たり前のことですね。

ここで少し理解しにくいかもしれませんが、仏教では思ったことも、行動の一部に入るんです。

心の中で恨みや憎しみをくり返せば、恨みや憎しみを生みやすい心になっていきます。

その結果、苦しい時間が増えていくことになります。だからよくないんです。

恨みや憎しみは他人を傷つけるだけではなくて、自分を苦しめるものでもあります。

だからそうした恨みの心を起こさないよう、仏教は慈悲にもとづく生活を大事にするのだと理解してください。

✤恨みや憎しみの心は自分自身をも苦しめる

24 苦しみから抜け出す

「神や仏が世界を創ったのなら、どうして死や別れなどの悲しい出来事を作ったんだ。ひどいじゃないか！」と言われることがあります。言葉にしなくても、多くの方が思っている疑問かもしれません。

ただし、これは前提が間違っています。

仏は世界を創った存在、いわゆる創造主ではないからです。

「仏」とは苦しみを感じることから解放された人々のことをいいます。お釈迦様として知られる人物も、

「どうして苦しみを感じるんだろう？」

「どうしたらこの苦しみから抜け出せるんだろう？」

そうした疑問を追究し続けた人なんです。

そしてお釈迦様は、苦しみが生まれる原因を見つけ出し、その状態から抜け出す方法

を伝え、残しました。それが仏の教え、仏教です。

仏教は、世界を仏に変えてもらうための教えではなく、私たちが仏となるための教えなのです。

つまり、私たち自身が変わっていくことが重要なのです。この考え方がベースにあるのだとご理解ください。

✿世界を変えてもらうのではなく、私たちが変わることが重要

25 優しい嘘

仏教では嘘《うそ》をつくことを推奨しません。なぜなら相手を傷つけるだけでなく、自分の心を曇《くも》らせるからです。

そのうえで、こんなことを聞かれたことがあります。

「嘘をつくのはよくないというのはわかるんですが、相手を思いやるための嘘はどうなんですか？」

確かに「優しい嘘」は存在します。

相手を傷つけないためにつく嘘や、励ますためにつく嘘です。私はそんな優しさを否定はしたくありません。

ただ、優しい嘘の難しい点は、自分が無理をしていることです。

嘘をつくことは、しんどいことです。

悪意なのか優しさなのかにかかわらず、一度嘘をつけばそれを隠していくことになり

ます。秘密を抱え続ける、その重荷を背負って生きるのはつらいものです。

優しい嘘を否定するつもりはありませんが、自分の体や心を壊しては元も子もありません。十分に気をつけて使ってください。

✽いったん嘘をついたら、その秘密を抱え続けることになる

26 後悔ばかりしてしまう

日々生きていく中で、私たちは無数の選択を迫られます。選択肢《し》があるということは、未来が可能性に満ちていることを意味します。しかしその反面、過去を振り返ったときには、「あのとき、どうしてあの選択ができなかったんだ……」という後悔《こうかい》もつきまとうものです。

しかし、私たちが直面する無数の選択肢は複雑に絡《から》み合っています。AとBの扉があって、どちらかが正解の通路につながっています、というような単純なものではありません。

A～Zまでの扉があって、Aを開けたらまたA～Zの扉があって、またその先には……という具合です。さらに、そこに他人の人生も関わってくるわけですから、より複雑化していきます。

私たちはそんな無数の扉を開けて、「今」という現在地までやってきました。しかし、

「今」という現在地から振り返ったとき、自分の通ってきた道は一つしかありません。一本道に見えてしまいます。すると勘違いしてしまうのかもしれません。「AじゃなくてBだったら……」と問題を単純化してしまうんです。

でも、思い出してみてください。これまでの道は複雑に絡み合った選択肢の連続でした。未来が予測不可能なほど複雑な中で、もがきながら採った選択の結果が積み重なって今が形成されています。

それなのに、たった一つの選択に責任を背負わせることなんて、到底できないはずなんです。

過去から学び、未来につなげることは大切です。しかし、**過去に囚《とら》われて、過去の選択をいつまでも後悔し続けても仕方ないときもある**のです。それぐらいに因果《いんが》関係は広大で複雑なものなんだという視点も持っておきたいなと思います。

✤複雑な選択肢と無数の扉を開けてたどり着いた地点、それが「今」

27 「欲しい！」の心

「欲しい！　欲しい！」という欲が先行すると、お目当てのものが手に入らない状況がよくあります。

「慌《あわ》てる乞食《こつじき》は貰《もら》いが少ない」という言葉があります。

「乞食」とは僧侶《そうりょ》の「托鉢《たくはつ》」のことです。僧侶はお鉢《はち》を持って村を歩き回り、人々に食べ物をもらって生活していました。現在の日本ではあまり馴染《なじ》みがないかもしれませんが、東南アジアの仏教国では今でも日常的にその光景が見られるようです。

この托鉢を行うときに、「欲しい！」という気持ちが先行して慌てていると、かえっていただける食べ物が少なくなることを言った言葉です。

この教訓は僧侶の話だけでなく、あらゆる場所で同じではないでしょうか。

たとえば、景品の抽選会やゲームのガチャを考えてみてください。「欲しいなー」とお目当ての品があるときには、なかなか商品が当たらないものです。それなのに、な

んとなく試したときには驚くほどよいものが当たったりします。

「気のせいだよ」と言われればそうかもしれません。しかし、少なくともいえるのは、**欲しいものに心を支配されて曖昧《あいまい》な未来に心を奪《うば》われているときには、せっかくの「今」、この瞬間がおろそかになっている**ということです。

「未来」は「今」の延長にあります。今、目の前のことを大事にできなければ、未来を大事にすることはできないでしょう。

だから、「欲しい」の心に支配されず、まずは今すべきことを丁寧《ていねい》に行っていく。そうすると、思いがけずよいことが起こるかもしれませんね。

✤欲の心に振り回されず、今、目の前のことを大事にしていく

28 欲望や怒りのパワー

仏教は私たちを悩ます感情、つまり煩悩《ぼんのう》を減らしていくことを説《と》く教えです。しかし、現代社会での成功は「煩悩」があってこそ、と言えるかもしれません。

結果のために貪欲《どんよく》に！（貪《むさぼ》り）
怒りを活力に！（瞋恚《しんに》）

しかし、**煩悩って良くも悪くも、毒**なんです。

百歩譲って劇薬でしょうか。

劇薬によってパワーを発揮できるときも確かにあります。怒りを原動力として困難な時期を乗り越えた人々がいることは承知しています。

しかし怒りなどの煩悩に依存しすぎれば、心身ともにボロボロになっていきます。その毒性にやられてしまうんです。

現代社会の疲弊《ひへい》感の一因は、ここにあるのではないでしょうか。

現代においては、欲望や怒りといった感情は必要な要素でしょう。しかし、**正しい距離感や適切な付き合い方を学ぶ必要がある**と思うのです。

✽劇薬の煩悩パワーは心身をボロボロにする

29 続かない

「よし、今から勉強するぞ！」と思って始めたのに、気づいたらSNSを見ていることが私にはあります。「SNSなんか見てる場合じゃなかった！」と思って作業に戻るのですが、また気づいたらSNSを見ています。

あれは不思議なもので、別の人間が私の体を動かしていたのではないかと疑いたくなります。

「これをやるんだ！」と決心したはいいけれど、実行に移すのは難しいものです。せっかく始めても、やるぞという決心はすぐに忘れられてしまい続かないものです。

しかし、それが人間なのかもしれません。

「発《おこ》し難《がた》くして忘れ易《やす》きはこれ善心なり」（『願文《がんもん》』最澄《さいちょう》）

「起こすのは難しいのに、すぐに忘れるもの、それが善い心である」こんな言葉があります。

しかし、せっかく起こした善心を忘れてしまうことをよしとせず、あらがうこと。それが仏教の目指すところです。惰性的な流れにあらがい、自由になることを目指します。

先ほど紹介した言葉の続きには次のようにあります。

「因無くして果を得るはこの処《ことわ》り有ること無し。善無くして苦を免《まぬ》がるる、この処り有ること無し」

よい方向を目指すことなしに、よい結果は得られません。因果応報《いんがおうほう》といいます。よいことを行うからよい結果が生まれます。

ぜひ、今現在、自分がどう生きているか確認し、それぞれのペース、それぞれのやり方で進んでいきましょう。

✽因果応報。よいことを行うから、よい結果が生まれる

30 学ぶための近道

お坊さんとしてTikTokのようなSNSで動画を使って発信していると、「なんで坊さんがTikTokなんてしてるの?」と言われることがあります。

理由は簡単です。仏教の話をするのがお坊さんの務めだからです。場所はお寺の中に限りません。

昔から道端で行き交う人々に対して仏教を説く「辻説法《つじせっぽう》」を行う僧侶がいます。また『維摩経《ゆいまきょう》』というお経に出てくる維摩という人物にいたっては、賭《と》博《ばく》場を訪れて説法をしていたそうです。

仏様の教えが必要な人に届くかもしれないなら、場所がTikTokであろうと関係ありません。

もう一つ、理由があります。私が皆さんに教えを伝えることで、自分自身も学ぶ機会をいただいているんです。

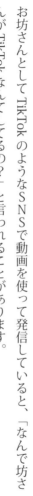

何かを学ぶときに効果的な方法は、他の人に話すことです。自分の学んだことを他人に伝えようとすると、自分の理解の足りない部分が浮かび上がることがあります。自分の考えを、発信することで整理できるんです。

また他人に話すことで、それについての意見がもらえます。私の場合、視聴した方々のコメントによって疑問点などを教えてもらえます。

教える方も、教えられているということです。

ぜひ皆さんも自分の考えを人に話してみてください。それが学ぶための近道です。

✤教えを伝えることで、自分も学ぶ

31 嫉妬心で苦しいとき

嫉妬《しっと》は昔から私たちを悩ませる要因の一つです。しかし現代社会ではよりいっそう、嫉妬を感じやすい状況が増えているかもしれません。

私が小学生の頃は、「ゲームの強いクラスメイト」が必ずいました。「おれ、このゲーム最強やから！」そんなふうに言ったものです。しかし今、インターネットの普及により、つねに自分より上手な人がいることを知る機会が増えました。また、対戦相手はクラスメイトだけでなく、インターネットを通じた世界中の人々にまで広がりました。才能ある人を見て嫉妬心を強く抱き、自分に嫌気がさすこともあるようです。

大人も子どもも嫉妬に悩んでいるのです。

難しい時代ではありますが、そんなとき、私は極楽浄土《ごくらくじょうど》に咲く蓮《はす》の華《はな》を思い出すのです。極楽浄土はなんの心配もない世界（だから極楽という名前です）であり、美しい世界が広がっているそうです。池には色とりどりの蓮が咲いているのですが、お経ではその様子を次のように語っています。

「青色青光《しょうしきしょうこう》　黄色黄光《おうしきおうこう》　赤色赤光《しゃくしきしゃっこう》　白色白光《びゃくしきびゃっこう》」（『仏説阿弥陀経《ぶっせつあみだきょう》』）

青色の蓮は青い光を放ち、黄色い蓮は黄色の光を放ちます。赤い蓮も、白い蓮も、それぞれの色の光を放っています。それぞれの色を放ちながらもなお、極楽は調和のとれた美しい世界なんです。

私たちは自分が白い光を放つ蓮華《れんげ》であっても、「青い光がいいな」と感じ、青いフィルターを作って青い光を放とうと努力します。しかし、白い光を放つことができるのはあなただけです。同じように、青い光を放つことができるのは青い蓮華だけです。

つまり、**あなたは他の人になることはできませんし、他の人もあなたにはなれません。むしろその違いがあるからこそ、社会は成り立っているし、楽しくもあるはず。**

他人を羨《うらや》んだり、嫉妬したりするだけでなく、あなた自身の色、つまり自分自身の存在を大切にして、その光を放ってください。

✿色とりどりに咲く蓮の華、自分はどんな光を放っているだろうか

32 仏にも地獄の心あり

人間は多面的な生き物です。ふだんは優しい人でも怒るし、つねに怒っているような人だって優しいときもあります。当たり前のことですが、じつはこの認識が「慈悲」と呼ばれる仏様のような優しい心を得るためには大切なことなのです。

人間の心の多面的な要素を、天台大師は十個の世界に分けて考えました。たとえば、穏やかに慈《いつく》しみあふれる心でいるときには私たちの「仏」の世界が出てきています。恨みに囚われて憎しみが湧《わ》くときには「地獄《じごく》」の世界です。他人との争いに夢中で優劣をつけることに執着して怒っているときには「修羅《しゅら》」の世界です。

ここで大切なことは、私たち一人一人が、心にこれら十種類の世界をすべて持っているということです。つまり、**誰もが地獄の心に支配されることがあるし、誰もが仏の心を起こすこともできる**わけです。その点で私たちは皆が平等な存在だといえます。できる限り心と向き合い、自分が今どの世界にいるか確認し、仏の世界へと心を向け続けていくことが、仏教、主に天台宗の教えだと理解しています。

意外に思うかもしれませんが、じつは「仏」と呼ばれる存在にも、この多面的な十種類の世界がちゃんとあります。仏にも地獄の心があるのです。私たちと同じなんです。

しかし、仏は怒りや争いに支配されることはありません。これが私たちと仏との大きな違いです。

ただし、**仏様の中にも地獄や修羅の心があるからこそ、私たちが地獄や修羅の心にはまりこんで悩むときに、その心を理解し、救いの手立てをくださる**わけです。

ですから、もし自分の中に醜《みにく》い心があることに気づいても、落ち込むことはありません。大切なのはその醜い心に囚われないことです。そしてその醜い心は、いずれ仏の心を起こして、他者の苦しみを理解して助けるための糧《かて》となっていくのかもしれません。

✤地獄の心を起こすも、仏の心を起こすも、自分次第

33 愚痴は言ってはダメ？

私がお檀家《だんか》さんと話したり、SNSでライブ配信をして視聴者と交流していると、愚《ぐ》痴《ち》をこぼされる方がいらっしゃいます。「愚痴をこぼしちゃってすみません」と謝る人も多いです。愚痴は相手を不快にさせるし、話すものではないと自分を戒《いまし》めていらっしゃるのでしょう。

しかし、**ときには、愚痴は吐き出しちゃいましょう。**

愚痴は心の中で抱え込んでいると、何度も何度も顔を出してきます。そのたびに心の中が占領され、どんどん愚痴にとって快適な住処《すみか》となっていきます。愚痴のたまり場になります。だから愚痴は適度に言葉にして、外に放ってあげましょう。

もし愚痴を言い合えるような人がいるなら、それはとても貴重な存在です。

お坊さんに愚痴を言うのもいいと思います。僧侶も人ですから、いつでも愚痴を聞くのはむずかしいかもしれませんが、それも一つの務めなのかなと思うのです。

私の尊敬する先輩の僧侶が言っていました。

「僧侶は社会の掃《は》きだめになるんだよ。愚痴とか不安、いろんな思いをそこに置いていってもらう存在なんだよ」

だから、心の中の悩みを外に出して、気分が少しでも晴れるなら、それでいいなと思っています。愚痴・悩みをずっと心の中に留《とど》めておくのではなく、適切な場所に出してあげましょう。

✿心が愚痴のたまり場にならないよう外に出す

34 気が抜けているとき

心をこめるときに大事なのは、心じゃなくて、自分の姿だと思うんです。

私はお坊さんなので合掌《がっしょう》、手を合わせる機会がよくあります。比叡山《ひえいざん》の専門学校、叡《えい》山《ざん》学院にいたときの話です。そこでは先輩の僧侶が後輩の指導をしてくださいます。

ある日、合掌してお経を唱えていると、「もっと気持ちこめて合掌せんかい！！！」とお叱《しか》りを受けました。

正直なところ、私はその先輩の言葉を聞いて、「ちゃんと気持ちこめてるけどなあ」と心の中で悪態をついていました。

しかし、ふと自分の合掌した手を見たときに気づきました。初めよりも手の位置が下がっていたんです。位置が下がっているだけじゃなくて、角度も垂れ下がって、だらしなくなっていたんです。

そのときに「本当に気が抜けていたんだな」と思いました。

「気が抜ける」ということは、そこに心がこもっていないということです。**心をこめると、ちゃんと姿に現れてくるんですね。**

難しいのは、心ってすぐ嘘をつくんです。自分をごまかすんです。

だからこそ客観的に見ることのできる自分の姿、たとえば姿勢とか、動作が丁寧であるとか、これらを逐一《ちくいち》確認しながら、一つ一つの動作を行っていく。

これが心をこめていくうえでの大事な点じゃないかなと、私は思っています。

✤心をこめると姿勢や動作に現れてくる

35 呼吸を忘れる

比喩《ひゆ》として「息をするのも忘れるくらい」という表現があります。当たり前にしていることがおろそかになるほど、目の前の出来事にのめり込んでいく状態を表す言葉です。

しかし、この言葉は比喩的な表現というだけには留まらないようです。興奮しているときや、緊張しているときには、実際に呼吸がおろそかになり、酸素が足りなくなっています。相手に落ち着いてと伝える際、「深呼吸しよ、深呼吸」と言うように、落ち着いて息を整えるのは大切なことです。

最近、私たちはつねに緊張状態や非常事態に身を置いている気がします。感染症、毎年のように起こる災害、人の手による事件……挙げればキリがありません。

息をすること、忘れてませんか？

他にも当たり前のこと、たとえば、「寝ること」「食べること」「体を動かすこと」、おろそかになっていませんか？

平常時には当たり前にしていることも、不安が続くと忘れられていきます。**当たり前のことでも意識して見直し、おこなっていきましょう。**すると自然に心も落ち着いてくると思います。

ひとまず一緒に深呼吸してみましょう。深呼吸、深呼吸。


✿不安なときこそ当たり前のことをおこなう

36 死ぬのが怖い

インターネットで発信をしていると、じつは学生たちや若い世代でも、「死ぬのが怖くて不安になる」という悩みを抱えているのだと感じます。

死への不安は、誰しも一度は感じるのかもしれません。しかし、この死に対する不安は、思っているよりも短い期間だけのものかもしれません。成長していくうちに、「あの頃はそんなことを考えていたな」と忙しい日常に埋もれてしまうものです。

でも一方で、死に対する不安を感じる期間は、じつは貴重な時間なのです。なぜなら、いずれは来る死を現実的な問題として捉《とら》えているからです。

人はいつか死ぬ、これは当たり前のことです。しかしそれがいつなのか。もしかしたら一時間後かもしれないと考える人は少ないです。

「いちいちそんなこと考えて生きてられるか」と思った方もいるでしょう。そのとおりだと思います。

だからこそ、**今「死ぬのが怖い」と感じている人は、その気持ちを大事にしてください。**

死は避けられないことがわかっているのだから、今日や明日の一日を有意義に生きていきましょう。実際、死を意識するとスポーツなどのパフォーマンスが向上するという研究があるくらいです。

死に対する恐怖を感じた今の瞬間から、一日を有意義に生きる習慣を身につけてください。

✲「死ぬのが怖い」を大切にして生きる

37 自分の一部

「別れ」というものは、まるで自分の一部を失うような感覚ですね。それは文字どおり、大切な人が自分の一部でもあるからです。

考えてみてください。「ああ、私は生きている」と感じる瞬間はいつでしょうか？

おいしい食事をしたとき、お風呂につかったときなどが思い浮かぶでしょうか。

何かと関わり、感情が湧《わ》き上がるそのとき、私たちは自分が生きていると実感します。

それはつまり、私たち自身の存在を感じている瞬間でもあります。

だから、こう考えてみてください。

私たちの存在を形作るのは、自分の体だけでなく、食べ物やお風呂のお湯なども大切な要素なのです。これが仏教の考え方であり、**私たちの外界も自分自身の一部**だという考え方です。

ときに人には別れが訪れます。大切な人を失ったとき、私たちは悲しみます。

しかし、**その悲しみは、大切な人と接することで生まれた、たくさんの思い出があるからこそ起こるもの**です。つまり、**大切な人が自分の一部となっていた**ということです。自分の存在を形成する一部が欠けたのですから、心が痛みを感じて当然です。この傷が癒《い》えるのには時間がかかるはずです。無理をせず、じっくりと向き合っていきましょう。

✤大切な人も、まわりの世界も、自分の一部

38 邪念だらけの自分

皆さんの中には「心が邪念《じゃねん》や煩悩だらけでダメダメだ」と自己否定している方がいらっしゃるかもしれません。しかし、その煩悩こそが、私たちが心と向き合うきっかけを作る、大切なものかもしれません。

たとえば、自分の喉《のど》。当然、この喉はつねに私たちと共にあります。しかし、ふだんの生活で喉の存在を意識することはあまりありません。

それが一度、風邪《かぜ》をひいて喉が痛み出すと、その存在を強く意識します。ふだん喉がいかに働いているか、そのありがたみもわかります。

このように、痛みが私たちに喉の存在を認識させるのです。

心も同じです。邪念や煩悩が湧いているときにこそ、私たちは心の存在を感じます。心と向き合い、自分自身を深く理解することができるのです。

心を落ち着け、心と向き合う、それが仏教の大きなテーマだと思います。

自分の邪念に気づいているということは、それだけ自分の心と向き合っているということですし、仏教の教えに従っているともいえるのです。

私は、邪念があるからといって、それを理由に自己否定することはないと思います。

✿邪念や煩悩が湧いているとき、心と向き合っている

39 自分を尊ぶ

「一切衆生悉有仏性《いっさいしゅじょうしつうぶっしょう》」（『大般涅槃経《だいはつねはんぎょう》』）

すべての人は本来、仏様と変わらない尊《とうと》い存在であるという言葉です。

自己肯定感が大切とされる昨今。

しかし自己肯定にもさまざまあります。

仕事をきちんとこなしている自分えらい。

今日も健康である自分えらい。

これらは素晴らしいことですが、もう一つ、大切にしたいことがあります。

仕事が失敗しても……、

健康ではなく病気になっても……、

自分はえらいんです。

社会的に成功しているとか、健康とか、そういった条件づけられた尊厳だけではあり

ません。
もっと基本的な、**ひとりの人としてその存在が尊い**のです。
もしも皆さんに大切に思っている人がいるなら、その人の存在自体を肯定してくださ
い。そっと近くにいて「私は味方だよ」と言ってくれる、そんな存在はとても大きな
力となり、勇気づけられるものです。
バランスのとれた自己肯定感を大切にしましょう。
「一切衆生悉有仏性」、すべての人は本来尊い存在ですから。

✽失敗しても病気になっても、自分はえらい

40 逆境に立たされたとき

生きることは苦労の連続ですね。人間関係や学業、仕事の重圧に押しつぶされそうになったり、ときには失敗もします。

それでも、「今日も一日、なんとか終わった」と、その日その日をなんとか乗り越え、先の見えないトンネルを進むような不安を胸に抱えながらも、歩み続けているのではないでしょうか。

そんな逆境を進む人に向けて残された言葉があります。

「雪に耐えて梅花麗《ばいかうるわ》し」

春に咲く梅の花は、冬の寒さが厳しければ厳しいほど、美しい花を咲かせるのだそうです。私たち人もきっと、困難を乗り越えたとき、より魅力的な人間となって花を咲かせるのだと私は信じています。

仏教では、私たちが抱える問題は「固まった氷」に譬《たと》えられます。たくさんの雪や氷

が山に積もるほど、それが溶けたときには美しい水が豊富に流れ出します。

つまり、大きな問題ほど、乗り越えたときの喜びや達成感が大きいということです。

私の先輩の僧侶の中には、地震によって本堂が全壊した方がいます。苦労しながらも、地域の支えや全国からのボランティア支援により、なんとかお寺は復興したそうです。そのご住職は、いまも災害支援に熱く取り組んでおられます。受けた恩をいろんな形で社会に返さないといけないと思っているそうです。

そんな困難を乗り越えて、表れる優しさは本当にかっこいいと思います。

「雪に耐えて梅花麗し」

すべての人に、つらい冬を乗り越えて花を咲かせる春が訪れますように、祈念いたします。

✿固まった氷が解け、花を咲かせる春を待つ

第3章 さわやかな人間関係

41 悪意を受け取らない

他人からの悪意はつらいものです。ときには「向けられた悪意を受け取らない」という選択をする必要があります。

悪意を受け取らないためには、まず自分自身がなすべきことをなし、心の清らかさを保つように生きるのが大切です。すると、悪意は自分の心へと届きません。

お経には、次のようにあります。

「もし清く生きようとする人に悪意を向ける者がいたとしても、その悪意はその浅はかな者自身に返っていく。譬《たと》えるなら、風に逆らって砂を投げつけても、投げた者自身に砂がかかるようなものだ」（『法句経《ほっくぎょう》』125）

つまり、**悪意を持つ人は、その人自身がどんどん悪に染まってしまう**のです。**人に砂をかけているつもりが、逆に砂を浴びている状態**です。

ですから、悪意を向けられたときには、仕返しをする必要はありません。

もし悪意を向けられても、逆に苦しんでいる相手を助けられれば、いちばん尊《とうと》いことです。しかしそれは本当に困難な道です。

まずは自分の持ち場でなすべきことをなし、心を清らかに保つことから始めましょう。

すると、悪意という砂は自分のもとに届かないかもしれませんね。

❋悪意を向けられたら仕返しするのでなく、受け取らない

42 人間関係に疲れたら

「人間関係に疲れた。距離を置きたいけど、そんな自分が情けなくて嫌になる」

そんな声が聞かれます。人間関係は私たちの悩みの種なのかもしれません。

そこで**大切なのは、人との距離感のバランス**です。

人間関係「密」な生き方と、「孤高」な生き方、どちらかにならないといけないわけじゃありません。

むしろ仏教は極端に囚《とら》われることを戒《いまし》めて「中道《ちゅうどう》」を説きます。二つの生き方のバランスをとって、その時その時、距離感を選択します。どこが適しているかは、その人と、その時によるんです。

ただ人間関係の難しいところは、「密」側に寄っているほどよいとされがちです。安心されます。逆に独りでばかりいると「大丈夫?」と心配されます。

しかしたとえば、虫との付き合い方を考えてみてください。「虫が大好き!」という生き方と、「虫が嫌い！　無理！」という生き方があります。

もし虫が嫌いでも、虫からちょっと距離を取ればいいですよね。

虫が苦手だから、と機密性の高いマンションに住む人はたくさんいますし、その生き方は問題にはされません。適切な距離感を取って生きているんです。

バランスをうまく取れば、どこにいても最適な場所なのです。本当は。

人間関係は難しいし疲れるものです。うまく関われない自分を責めずに、落ち込まないでほしいなと思います。

✻人との距離感のバランス、どこが最適かは、その人とその時しだい

43 批判される

批判を受けない人はいません。何か行動を起こすと、必ずといっていいほどそれを気に入らない人が現れます。不満を抱く人はどこにでもいます。全員の感性に合う言動や思想はありません。

それは二千五百年前も同じだったようで、お釈迦《しゃか》様も次のように言われました。

「沈黙している者も非難され、多く語る者も非難され、すこし語る者も非難される。世に非難されない者はいない」（『法句経』227）

嫌なことを言われるとどうしても気になってしまいます。しかし褒《ほ》められるだけを望むのは現実的じゃありません。

もちろん、批判されるばかりではなく、共感する人も存在します。それで十分ではないでしょうか。

お釈迦様は先ほどの言葉に続けて、次のように述べています。

「ただ誹《そし》られるだけの人、またただ褒められるだけの人は、過去にも、未来にも、現在にもいない」

人は褒められるだけのこともないし、けなされるだけでもありません。それは過去にも未来にも、そして現在にも当てはまると言います。

ということは、**お釈迦様であっても褒められるだけではなかった**ということです。皆そうなんですね。

私自身はこの言葉を、ＳＮＳにいただくコメントを読むときに励みにしています。批判されない人はいない、けなされるだけの人もいない。そういうことだよな……と思ってコメントと向き合っています。

❁批判する人がいれば、共感する人もいる。それが世の中

44 嫌いな人との関わり方

「人生は修行《しゅぎょう》である」

そんなことを言うと、嫌な顔されるかもしれません。しかし、その考え方によって、少しよく生きられる瞬間もあるものです。

たとえば、合わない人がいるとします。理不尽に文句ばかり言ってくる人です。その人にあれこれと言われ続けているとします。

そんなとき、「これは忍辱《にんにく》という修行だ」と捉《とら》えてみるんです。

忍辱とは、平たくいえば、耐え忍ぶということです。耐え忍ぶなんて聞くと嫌な感じがしますが、一つの見方として聞いてください。

「忍辱」は仏道スキルアップにおいて効果絶大な修行といわれます。

なぜかというと、この修行は、自分だけではできないからです。自分を怒らせてくる相手がいないと成り立たないからです。

相手に依存する修行だからこそ、貴重な忍辱の修行の場を与えてくれたその相手に感謝するのです。これはつまり、**嫌いな人を仏縁《ぶつえん》、仏様のお導きにしてしまう**んです。

そう思うと、理不尽に文句を言われているときに「この時間は何なんだ……」と感じることは少なくなるかもしれません。

人生は修行。皆さんと共に仏道を歩めますことを願っています。

✿嫌いな人に対応するとき、仏道スキルが爆上がり

45 他人の気持ちがわからない

「他人の気持ちがわからない……自分は人として何か足りていないいんでしょうか？」

SNSでいただいたコメントです。

「他人の気持ちはわからないもの」というと残酷《ざんこく》でしょうか？

「相手の気持ちがわかった！」と思う瞬間は、ときどきあるかもしれません。しかし実際には、相手の気持ちの一部分しか見えていないことがほとんどです。

氷山の一角を見ているのと同じで、**どんな思いが意識の底に沈んでいるか、そんなことは本人にも計り知れないし、まして他人にはわかりません。**

他人の気持ちは、わからなくてもいいんです。

むしろ「わかった」としてしまったら、その時点でそれ以上の理解は望めません。

どこまで行っても人の気持ちはわからないからこそ、わかろうと歩み寄ることができるのではないでしょうか？

相手にとっても、つねに自分の気持ちに歩み寄ろうとしてくれる存在は、優しく、安心できるのではないでしょうか？

だから他人の気持ちがわからないからといって、自分を責める必要はないと思うのです。

✿他人の気持ちはわからないから、わかろうと歩み寄れる

46 友達とどう付き合う？

友達との関係を上手く保つためには、「和」が重要だと思います。「和」を辞書で調べてみると、「仲良くする」や「合わせる」という意味が出てきます。

では、友達との関係でも、何でも合わせることが「和」なのでしょうか？

「和して同ぜず」という言葉があります。これは「全員が同じように行動しなければならない」という意味ではなく、「それぞれが自分の道を進んで、その結果うまく調和すること」を意味しています。

私の体験の話をさせてください。天台宗の僧侶は、本山である比叡山の修行道場にて二ヶ月間の修行をすることがほとんどです。その間、僧侶たちは外の情報に触れません。私もその修行道場で約四十人の僧侶と一緒に生活をしましたが、指導員の先生はよくこんなことを言っていました。

「修行は、各自が自分で進めるものだ」

正直、この言葉の意味が最初はわかりませんでした。皆で一緒に生活し、一緒に厳しい時間を過ごしていると、仲間意識が芽生えてくるものです。皆で修行を乗り越えたという思いは当時強かったですし、今でもその思いは残っています。

でも今思うと、**皆がそれぞれ、自分の修行に一生懸命取り組んでいたからこそ、全体としての調和が生まれた**んだと感じています。

道場に集まっていた僧侶たちは、天台宗という共通点はあったものの、それ以外は出身地、生活環境、年齢もバラバラです。中には何でもすぐにこなせる人もいれば、苦戦する人もいます。皆が同じではありませんでした。

しかし、それぞれが自分の修行に取り組み、自分自身と向き合っていました。だからこそ、お互いに敬意があったと感じます。これが「和して同ぜず」の精神だと思うのです。

友達とは、ただ同じことをするだけでなく、お互いの歩みを尊重し、認め合える存在であることが大切だと思います。そんな友達が一人でもいるといいですよね。

✻それぞれが自分の道を進み、その結果うまく調和する

47 ひどいことを言う人

「ひどいことを言ってくる人には天罰《てんばつ》があるのでしょうか？」という質問をいただきました。私自身が天罰を下す存在ではないため、その判断はできません。しかし、確信していえることは、**ひどいことを言えば、その人自身がひどい言葉の影響を受ける**ということです。

つまり、

私たちの現在の姿は、「身口意《しんくい》の三業《さんごう》」によって形作られているといわれています。

過去に何をしたか（身）

何を言ったか（口）

何を思ったか（意）

によって現在の自分ができあがっていると受け取ることを意味します。

そして今、私たちが何を行い、何を言い、何を思うかによって未来の自分の姿も決まっていきます。

ひどいことを言えば、平気でひどいことを言う人にどんどんなっていくんです。するとまわりからの反応は推して知るべしです。いい扱いはされないでしょう。

またひどいことを言った人自身も、心に暗いものがたまっていきます。その暗いものが心を覆い、光が届かなくなっていきます。

まわりで楽しいことが起こっているにもかかわらず、それを受け取ることができず、楽しめなくなるのです。たとえば今日食べるご飯を素直においしく感じられなくなってしまいます。

それって、見方によっては天罰みたいなものだと思うんです。ひどいことを言う人には、やっぱりいいことはないと私は思っています。

✤何を行い、何を言い、何を思うかで、未来の姿が決まる

48 他人をけなす

自分を褒めて相手をけなす行為のことを、とあるお経では「自《じ》讃《さん》毀《き》他《た》」といい、重い罪の項目として挙げられています。

特に、自分をよく見せるために他人を貶《おとし》める行動をとることには注意した方がいいです。

たとえば、二軒の料理屋が向かい合って建っているとします。片方の店の人は悪口を言って、向かいの店をひどく批判します。

「あの店の何がいいんだ！　料理を知らないやつが作る味だ！」

相手の評判を落とせば、相対的に自分の評価が上がると思ってるのでしょう。

しかし実際には、**悪口を言っても自分の店の料理がおいしくなるわけではありません。**

自分の立場は何も上がらないんです。

加えて、そんな言葉を聞かされたまわりの人の気分は悪くなりますし、その店主はどんどん意地汚い人になっていくでしょう。

悪い方へ、悪い方へと、転がっていってしまいます。

これはどんな状況でも同じです。「自讃毀他」は重い罪となります。

自分自身のために他者をけなすだけでなく、自分の大切なものの価値を上げるために、他のものをけなすのもダメです。

ついつい陥りがちな思考です。気をつけていきましょう。

✤他人をけなしても自分は上がらない

49 悪平等と悪差別

「凡《およ》そ差別《しゃべつ》なきの平等は仏法に順せず、悪平等の故《ゆえ》なり。また、平等なきの差別も仏法に順せず、悪差別の故なり」（『法華《ほっけ》去惑《こわく》』）

「個々の差を認めないでひたすら平等だけをいうのは悪平等です。一方で、皆が基本的に平等であることを認めないことは悪差別、悪い差のつけ方である。悪平等も悪差別も、そんなのはどちらも仏様の教えではないよ」

千二百年前に比叡山を開いた最澄《さいちょう》様から語られた言葉です。「悪平等」と「悪差別」というものに気をつけよと語られます。

平等であることは素晴らしいことですが、ただ同じにすればいいというわけではないようです。**平等の中にある違いを理解すること。そして根っこにある同じものを理解すること。そのうえで平等は成り立つ**というのです。

人はそれぞれ違います。たとえば人には得意、不得意があります。理解が早かったり、

要領よく行動できる人がいる一方、じっくりと考える必要のある人もいます。体格的な差も当然あるし、精神的な面でストレスの限界値もみな違います。

そんな中で「あの人はこんなことで躓《つまず》かなかったよ？　だからあなたもやりなさい」と強制するのは難しいんです。みな違いますから。

「あの人はこのくらいのキツさでは音《ね》を上げなかったよ」と言われても成り立たないんです。それぞれ受け止め方が違いますから。

人はそれぞれ違います。

けれども人は平等で、同じ人間です。**誰もが殴《なぐ》られたら痛いし、暴言を浴びればつらくなるし、別れがあると悲しいんです。同じなんです。**ただ、どの程度つらさを感じて落ち込んでしまうか、悲しみを感じてしまうかがそれぞれで違うだけ。根っこは一緒なんです。

平等と平等でないものをきっちりと理解して、どちらか一方の見解に偏《かたよ》ってしまっていないかを注意しながら、住みよい社会を目指すことができればいいなと思います。

✲それぞれ違うけれど、平等で同じ人間

50 人の本心を知る方法

「人の本心を知るにはどうすればいいの？」

そんな質問をいただくことがありました。

正直いって、私も知ることができるなら知りたいです。簡単な話ではないのは当然のことですが、仏教的に大事なポイントでもあると思います。

まず、本心を理解する前に、「心」とはいったい何なのでしょうか？　形を持つものではなさそうですが……。

天台大師智顗《ちぎ》は、心のことを「根塵相対《こんじんそうたい》の一念」と表現しています。要するに、**私とあなたが出会った瞬間の反応や感情、それが心**だということです。

たとえば、私がコップに触れて、熱いと思う。

この一瞬が心です。

話を戻して、**人の本心を知るということでしたら、その人に寄り添っていくしかない**

でしょう。たくさんの時間を共に過ごして、たくさんの心をそこに繋《つな》ぐのです。

相手の楽しいことは共に喜び、悲しいことは共に悲しむ。

そうした慈悲の心をもって一緒に過ごしていく中で、相手の本心は見えてくるんじゃないでしょうか?

✿共に喜び、共に悲しむ。相手の心が見えてくる

51　情けは人のためならず

「情けは人のためならず」
この言葉はよく誤って使用される言葉です。
「情けをかける、つまり優しさをもって人に接することは、甘やかすことになるから
その人のためにならない」これは誤った使用法です。
正しくは、「情けをかけておけば、それが巡《めぐ》り巡ってまた自分にもよい報《むく》いが来る。
人に親切にしておけば必ずよい報いがある」という意味です。
情けは自分のためでもある、ということですね。
しかし「巡り巡って」と聞いても、「本当かなあ……」と疑ったり、「巡ってくるのは
いつになることやら……」と思う方もいることでしょう。
私は、巡り巡らなくても、自分のためになると思っています。
単純なことで、**人に情けをかければ、「情けをかける人」になります。**

人に情けをかけ続けるならば、「情の厚い人」になっていきます。人は自分の行動が習慣となって、「人となり」となっていきます。

「情けは人のためならず、情けは自身を作るもの」

そう受け取ってみると、ちょっとこの言葉の見え方が変わりませんか？

✤情けをかけ続けると、情の厚い人になる

52 まわりに感謝

仕事やスポーツで成功した人たちが、インタビューで「まわりへの感謝しかありません」と答えているのを聞いたことがありませんか？

成功したときにはまわりに感謝する。これってすごく重要なことだと思うんです。

成功した人や偉業をなし遂げた人々は、その裏側では多くの失敗も経験しています。間違った方法を選んだこともあるかもしれません。

しかし、たとえ自分がどれだけ正しいことをしていても、評価されない時期があるのです。それは自分の方法が正しいとしても、それに共感する人々が現れないからです。

自分がいくら花の種を一生懸命植えても、雨が降ったり陽がさしたりと、まわりの環境が整わないと花は咲きません。

種を植える「因《いん》」となる行動と、雨や太陽のようなまわりの環境「縁《えん》」が揃《そろ》ったとき、はじめて花は咲くのです（因縁生起《いんねんしょうき》といいます）。

成功を収めた人々も、素晴らしい試みをしたにもかかわらず、結果が出なかったことが多々あるでしょう。

しかしあるとき、まわりの環境の「ご縁」があったおかげで成功したと感じているのです。だからこそ感謝するのではないでしょうか。

もしそこで「成功したのは私だけの力です！」と言ってしまうと、まるでコンクリートの上に種を蒔《ま》いているようなもの。今後、花は咲かないでしょう。

うまくいったときこそ、まわりの環境、ご縁を振り返って大事にするということです。

成功したときにはまわりへの感謝を忘れずに。

✲まわりのご縁を受けて、花は咲き、成功する

53 人を幸せにする表情

表情だけで幸せを与えられるときがあります。

仏教では相手を幸せにする行動の一つとして、「表情」が挙げられています。相手を思いやる言葉と共に、「**和顔愛語**《わげんあいご》」といって大事にされます。

和顔は多くの場合、笑顔を指していうことが多いですが、**相手を心配する表情なども同じく、相手に安心を与えますので和顔でしょう。**

私自身、僧侶として人前で話すときが多くあります。

僧侶だって緊張します。落ち着かなくて、数珠《じゅず》をいじいじと触りながらしゃべっているときがあります。

しかし、そんな私が話していると、うんうんと頷《うなず》きながら……「あなたの話聞いてますよ」という表情で見守ってくださる方がいるんです。

すると、すごく安心して話せます。

あれはまさに和顔だなと思います。

表情って相手を幸せにするんですよ。

ちょっと顔の緊張をゆるめて、笑顔から、試してみてはいかがでしょうか。

✲和顔は相手を安心させ、幸せにする

54 誰かのために

自分自身の幸せだけでなく、他者の幸せをも願い生きていく人のことを「菩薩《ぼさつ》」と呼びます。

昨今では「誰かのために生きる」のではなく、「もっと自分のために生きましょう」とよく言われます。

自分で選択して、人生を歩むのは大切なことです。しかし、**自分のために行動するだけが人生ではない**と思うんです。

誰かのために行動することが大きな力になる。

そこはもっと言われるべきと感じます。

あんがい、自分のために生きるのも簡単じゃありません。途中あらわれる壁《かべ》を乗り越えるのが困難に感じたり、本当は何がしたいのかと道に迷ったり。

そんなとき、「あの人のために」と行動することが大きな原動力となります。

自分が豊かになり、そして他人も豊かになっていく（自利《じり》）。

そして他者を豊かにして、自分も豊かになる（利他《りた》）。

この自利と利他の両輪が揃い、前に進む大きな力となります。そんな利他を含む生き方をする者こそが「菩薩」です。

誰かのために生きる、そんな菩薩視点も一つ持っておくといいかもしれません。

✼「あの人のために」と行動すると力が湧く

55 時の流れ

私たちはついつい月日の流れを嘆《なげ》きがちですね。

「もう夕方なの？　一日が終わっちゃう……」

「え？　もう一週間経ったの？」

「七月？　もう上半期が終わったか……」

と、日々が過ぎ去っていくことに驚きます。

人生は短いもので、焦《あせ》りを感じる方も多いと思います。それは昔の人も同じでした。

曹洞宗《そうとう》の祖として有名な道元禅師《どうげんぜんじ》は、

「時の流れは私が長い間積み重ねてきた功徳《くどく》をも盗んでしまう」

とおっしゃっています。（『正法眼蔵《しょうぼうげんぞう》』）

しかし、道元禅師は続けてこうおっしゃいます。

「時の流れと私とは、怨《うら》み合う関係であろうか、いや違う。怨むべきは、時の流れで

はなく、私が修行しないことである」

確かに時間は一定に流れ続けています。この瞬間も、今はもう過去になりました。この変化は止めることはできません。

時の流れは恨むべきものではなく、恨んでも仕方のないものです。変えることのできるものは、自身の行いです。

道元禅師は、禅の大家であり、かつ膨大《ぼうだい》な量の書物を読み尽くしたと伝えられています。しかし、その行動の裏には、時間の経過と自分自身の行動への葛藤《かっとう》があったのですね。

私たちは今日の一日をどのように過ごしていきますか？

✤人生の短さを恨まず、自分の行動を変える

56 人間関係を修復したい

「人間関係を修復して、元の関係に戻りたい」

そんな願いが心に浮かぶことがあるかもしれません。しかし、関係を元通りにして、前と変わらないことを望むのは難しいかもしれません。

紙をくしゃくしゃにして、その紙を広げて元に戻そうとしても、シワは戻らないようなもの。

両者の関係に起きた出来事は、事実として消えません。もし心に傷ができてしまったのなら、その傷はなかなか癒《い》えないでしょう。

ただ、以前の関係に戻ることはできなくても、新しい関係を築いていくことは可能です。

諸行無常《しょぎょうむじょう》といいますよね。今、経験しているこの瞬間は過去にはなかったものですし、今後再び訪れることもない、新しい時間です。

新しい時間の連続が私たちの日常です。

当然、人間関係だってつねに経験したことのない瞬間の連続のはずです。どうしたって新しい人間関係をその時、その瞬間、と築いていくしかないわけです。

以前の関係に戻そうとするのではなく、**過去の出来事を受け入れて、**「いろいろあったけど、今はよかった」と思える、そんな**未来への歩みもできるはず**です。

その一歩として、まずは相手との現在の関係を、ありのままに受け入れることが大切です。過去に縛《しば》られて後悔《こうかい》する自分を許し、新しい未来に向けて歩んでみてください。

✽くしゃくしゃにした紙は元には戻らない。新しい関係を築く

57 恨みを手放す

他人からひどいことをされた場合、どう対応すればいいか難しいですよね。

私はといえば……なんとかやり返してやろうと考えているときがあります。しかし、怒りに身を任せて相手に悪口で応じると、相手も怒って言い返してきて……怒りは連《れん》鎖《さ》します。

お釈迦様は「怨みに対して怨みで返しているうちは、とうとう怨みが収まることはない。だから怨みを手放さなければならない」（『法句経』5）とおっしゃっています。
これは単なる美辞麗句《びじれいく》ではなく、日本人にとっての恩人が引用した言葉でもあります。
第二次世界大戦後、日本はサンフランシスコ講和条約の会議で各国との賠償金《ばいしょうきん》などを決めることになりました。スリランカ（当時はセイロン）も損害の賠償を求めることができたのですが、のちの大統領となるジャヤワルダナ氏はスピーチで、
「憎悪《ぞうお》は憎悪によって止《や》むことなく、慈悲によって止む」（Hatred ceases not by

hatred, but by love.)

と先ほどのお釈迦様の言葉を引用し、日本への賠償を求める権利を放棄しました。そして日本を独立国家として国際社会の一員として受け入れるよう訴えました。その働きもあり、その後の日本の発展があるのです。

国を背負う立場にある人には、少しでも弱さを見せることは許されません。ジャヤワルダナ氏の発言は、相当な覚悟が必要だったと想像します。

恨みを恨みで返せば連鎖がおきます。結果的にお互いが傷つき、傷はどんどん深くなります。

恨むことは苦しいこと。どうしても許せない相手がいる気持ちは理解できますが、恨みを手放すことが連鎖を断ち切る行為であり、尊《とうと》いということは大切な視点です。

✤恨みを手放すことは、恨みの連鎖を断ち切る尊い行為

58 合掌

「尊い」という感情を最も伝えられる方法、それは合掌《がっしょう》です。

合掌はもともと、右へ左へ散り散りになろうとする「心」を一つにまとめる行動だといわれています。

どうしてそれが「尊い」を伝える行動となるのかというと……。

たとえば、友達と話しているときのことをイメージしてください。自分が一生懸命に話をしているのに、相手がスマホを見ながら聞いていたら、気分が悪くないですか？

少なくとも、上司と会話をしているときだったら、スマホを見ながら話を聞かないでしょう。

なぜなら、失礼かもしれないと思うからです。

敬意を持って話すならば、心を相手に向けて集中することが大事です。

それと同じで、**合掌は、右に左にあちこちへと行こうとする心・意識を一つにして相**

手に向けることで、相手への尊敬を表す行為なんです。
「尊い」気持ちを表すときにはぜひ合掌、手を合わせてみてください。

✽手を合わせ「心」を一つに相手を敬《うやま》う、それが合掌

59 「助けて」

観音《かんのん》様という仏様がいます。有名なところでは、浅草の浅草寺《せんそうじ》や、京都・清水寺《きよみずでら》のご本尊様が観音様です。三十三間堂《さんじゅうさんげんどう》にずらっと並んでいらっしゃるのも観音様です。

正式には「観世音菩薩《かんぜおんぼさつ》」という名前です。意味は、世の中の音を観《み》る人ということになります。

「世の中の音」とは何かというと、「私たちの声」です。特に「助けてくれ！」という声です。観音様は「助けてくれ！」という声を聞いたらそこに駆けつける、スーパーマンみたいな仏様です。

しかも、助けに来てくださるときには、いろんな姿に変身して駆けつけるのだそうです。ときには仏様の姿だけど、大人の姿のときもあるし、ときには子どもの姿、また、人間以外の姿になって現れることもあるのだそうです。

ですから、**救いの手を差し伸べる観音様は、じつは私たちのまわりの誰かかもしれな**

いということです。

だから私たちは、「助けて」と声を上げないといけません。

一人でずっと悩み続けているときは、なかなか問題が前に進みません。その問題を誰かと共有すると、不思議とその問題が解決していったり、そもそも問題ではなくなったりしてきます。

声を上げる大切さ。そしてその声を聞いている存在がいるんだということを、私は観音様から学びながら、手を合わせています。

✿声を上げる大切さ。その声を聞いている存在がいるありがたさ

第4章 さらりと生きる

60 仏教的自分探し

私たちはつねに自分を高めることを大切とする現代に生きています。しかし、仏教はそこに問いを投げかけます。

「その『自分』とは何か？　それは本当にあなたが思っている自分そのものか？」

自分は自分でしょ……と言いたくなるところに、仏教は「自分と思っているものは幻《まぼろし》だ」と言うんです。

これはトンネルに譬《たと》えることができます。

トンネルは通過するための空間であり、その本質は何もない空間です。しかし、私たちはトンネルを認識することができます。何もない空間であるトンネルの形を作っているのは、トンネルを囲んでいるまわりの山や地面なんです。

それと同様に、私たちがふだん「自分」と思っている存在も、トンネルのように存在しないものなのかもしれません。しかし、まわりの要素が形作っているからこそ「自

分」として認識できるのです。

私たちは何者でもない自分に、自分という個性を求めて、キャラクター付けをしていきます。そのうち、「私はこういう人間です！」とプロフィールを書き連ねて、自分を作っていきます。

けれども、それはあくまで自分で勝手にまわりを固めて、丸い穴を見えるようにしただけのもの。本当の自分と呼べる存在は、そんな形を決められたものじゃなくて、自由な存在かもしれません。

仏教は「これが自分だ」という思い込みを壊して、自由に生きることを勧めているんですね。

✻自分と思っているものは幻。もっと自由な存在かも

61 ぶれない人

軸のぶれない、確固たる自信を持った人ってかっこいいなと思います。でも、じつは**軸が完全にぶれない人は存在しない**と思うんです。

皆、自分の軸を修正しながら歩み続けているんじゃないでしょうか。

皆さんは自転車に乗れますか？　自転車に乗るとき、ハンドルで方向を決めますよね。

でもまっすぐな道でも、ハンドルを一切動かさない人は少ないのではないでしょうか？　まっすぐ進んでいても、つねに微調整しながらバランスを取っていると思います。

この微調整は、自分が傾いてきたことや進路が微妙に曲がったことに気づくからこそ、できることです。体が傾いたことに気づかなかったら倒れてしまいます。

つねに変化に気づき、修整しているんです。

これはふだんの生活でも同じです。ずっとまっすぐな状態ではいられないんです。

私たちはつねに変化しているから、軸もぶれていきます。つねに調整しなければいけません。

だからこそ、**自分が今まっすぐなのか、傾いているのかを見極める力が必要**です。

じつは仏教の実践《じっせん》はここにつながると思います。

自分の傾きを修正し、そして世界と向き合うことが仏教の生き方だと理解しています。

忙しくて余裕がないことが多いかもしれませんが、自分と向き合える時間や空間を大事にしてみてください。

✻自分の傾きに気づき、調整する。だからまっすぐ進める

62 結果と過程、どちらが大事？

「結果より過程が大事」と言われることがありますが、以前インターネット上で「過程を大事と言う人は信用できない、結果にこだわることが重要だろう」とご意見をいただくことがありました。結果にこだわる姿勢は大事なことで、一理あると思います。ただし私は、やはり過程を大事にすることの必要性を感じています。

なぜなら、**幸せは過程にあるべきだから**です。

考えてみてください。皆さんが求める結果や目標とは何でしょうか？

最終的に目指すところを大まかにいえば、「楽しく幸せになりたい」ということではないかと思うのです。

それでは、どのような状態になったら幸せなのでしょうか？　本当の幸せとは何でしょうか？

残念ながら、「これを達成したら幸せです！」という明確な答えは存在しないように思います。

たとえば、ゲームのランキングで一位を達成したとします。その瞬間はうれしく、幸せですが、また別の幸せを求め続けていくものです。むしろ順位が下がって追い抜かれることに、プレッシャーや苦悩を感じる人もいます。

結局のところ、**目標に向かって歩む過程を楽しむことが重要**なのです。

毎日少しずつ目標に近づき、昨日の自分よりも成長したと感じること。そんな過程を楽しめるようになれば、本当の幸せといえるのではないでしょうか。

目標がないとどちらに進めばいいかわからなくなりますので、その意味で目標を設定することは必要です。ただし、執着《しゅうちゃく》することは避けましょう。

自分が本当に追い求めるものは何だったのかという話です。**求めていたのは「目標」だったのか、その奥にある「幸せ」だったのか。**忘れないでください。

✲目標に向かって歩む過程を楽しめる、それが幸せ

63 悪口

インターネットで発信をしていると、視聴した皆さんからコメントをいただきます。

話した内容への感想、疑問点など、さまざまな意見を聞くことができ勉強になります。

しかし悪口を言われることもあります。長文で手の込んだ内容の悪口もあれば、単純に「ハゲ」と言われることもあります。心の中では悲しんでいます（二日に一回、自分で剃《そ》っているだけなのに……）。

そんなことはいいのですが、まあいろいろと言われるものです。

面と向かってはなかなか言えないことも、インターネットなら言えてしまう。良くも悪くも、ネット社会にはそういった一面があります。

けれど忘れないでください。**「自他同心《じたどうしん》」**です。**私もあなたも同じ心**です。

「いや、別でしょ」と思うかもしれませんが、違うところが目立つだけで、大部分は同じなんです。

ＤＮＡに関しては、人間同士なら99・9パーセントが同じなんだそうです。バナナですら人間と50パーセントが同じだとか。なんだか不思議ですね。

心も同じではないでしょうか？　**寒いときは寒いと感じる。殴《なぐ》られれば痛い。つらいときは元気が出ない。程度の差はあれ、基本的な心の反応は同じ**ではないでしょうか？

インターネットを通じた顔の見えないやりとりであっても、インターネットの向こうには同じ心を持った命が存在している。これは忘れないようしたいですね。

✿自他同心──私もあなたも同じ心を持っている

64 「どうして自分だけ」と感じたら

人の抱える悲しみは唯一無二《ゆいいつむに》のもので、本人にしかわからないものだと思います。しかし、悲しみに心を覆われ、暗闇の中にいると**「どうして私だけこんな目に遭《あ》うんだろう」という孤独な袋小路《ふくろこうじ》へと迷い込んでしまう**のかもしれません。

お経の中にキサーゴータミーという女性のお話があります。彼女には一歳の子どもがいましたが、ある日病気になり、息を引き取ってしまいます。

彼女は息のない子どもを抱いて村を彷徨《さまよ》い、「この子を生き返らせてください！」と助けを求めます。でも誰も助けられません。そこでとある人が「お釈迦《しゃか》様が近くに来ているよ。あの人なら薬をきっとくれる」と教えてあげました。

彼女はお釈迦様のもとを訪れ、よみがえりの薬をお願いしました。するとお釈迦様は、「いいですよ。ただ、薬を作るには芥子《けし》の実が必要です。それも今まで誰も亡くなった人のいない家からもらう必要があるので注意してくださいね」と言いました。

芥子の実は料理にも使われる一般的なものです。彼女は喜び、村に戻って家々を回りました。しかし、どの家でも、「ごめんなさい。十年前にお父さんが亡くなって……」「息子が病気で……」と断られてしまいます。そして**彼女は気づくのです。自分だけが死の苦しみを経験したわけではないということを。**

誰もが親しい者の死を経験することは、キサーゴータミー自身も平常時には受け入れていたことでしょう。しかし、心を悲しみに覆われて暗闇となったときには、見えなくなるのです。

お釈迦様は、一人で思い悩む必要のないことを彼女に思い出させるために、芥子の実をもらってくるように伝えたわけです。**もしかしたら私たちが「どうして自分だけ……」と悩むときも、その闇を払うきっかけは身のまわりにあるのかもしれません。**

✿悩みから目を上げて、周囲を見てみる

65 「今ここを生きる」工夫

過去や未来に心を囚《とら》われず、かつ目の前のことをしっかりと見据《みす》えて生きること。それが、

「今ここを生きる」

そのためのささいな工夫で、日常が面白くなることがあります。

たとえば毎日の食事に注目してみましょう。

「ふだんよりも今日は五回だけ多めに噛《か》んでから飲み込もう」

そんな意識の工夫で、見える景色が変わります。

食事の時間に、いつもは考えごとをしていたり、流れ作業のように食べていたり、おいしいから早く次のひとくちを食べたい！　と焦《あせ》っていたり。そんな浮ついた心をそっと落ち着け、少し立ち止まってみます。

すなわち、**食事を楽しむということ**です。

噛む回数を少し増やすだけでも、心ここにあらずの食事から、意識が戻ってきて、食事の本来持つ楽しさを感じられると思います。

それが「今ここを生きる」ということです。

ぜひ試してみてください。


✽「ふだんよりも五回多く噛む」と「今ここ」が現れる

66 親切

人に親切にする動機はなんですか？

自分が親切心から行動したのに、相手の反応が悪いことってありますよね。

以前にニュースで見たのですが、とある若者が電車でお年を召した方に席を譲ったそうです。すると「いらんお世話や！」と怒られたのだとか。

若者は「どうして……。もう二度と親切なんてするか！」と思ったそうですが、その気持ちはよくわかります。席を譲られた相手にも何かしらの事情があるんでしょう。

とはいえ、感謝もされないと、やるせないです。

でも、覚えておいてほしいのは、**自分が相手のためにしたよい行いは無駄にならない**ということです。

よい行いをすれば、よいことをした種が心の畑に植えられます。

そしてこの種を植えることを続けていくと、心が耕されてキレイになっていくんです。

だから相手から期待していた感謝の言葉が返ってこなくても構わないんです。自分の心が、よりよくなっていくんです。

諦《あきら》めないで、自分自身の成長のため、よい心の土壌を作っていけるよう頑張っていきましょう。

✿よい行いをすれば、心がキレイになっていく

67 効果的なお祈り

健康祈願や合格祈願をしたり、お守りを買ったりすることはありますか？

特定のルールがあるわけではありませんが、私が大切だと感じていることをお伝えします。

仏教は動機を大切にします。つまり、

「健康になりたい、合格したい」

と祈るだけでなく、

「健康になって何をしたいか？」

「学校に合格して何をしたいか？」

これを強く思いながらお祈りすることが大切だと思うのです。

もし祈る理由が、他の人のためだとすれば、さらに大きな力を生むことになるでしょう。

自分一人のために祈るならば、生まれる力は一人分です。

しかし、自分が健康になって両親を安心させたい、となれば、自分と両親の三人分の力（功徳《くどく》）が生まれます。

自分と他者、両方の幸せを祈ることを、個人的におすすめさせていただきます。

❇自分だけでなく他人のためにも祈れば、大きな力が生まれる

68 お寺でクリスマス

「お寺でクリスマスってするの？」と聞かれることがよくあります。クリスマスというと多くの方にとっては、ケーキを食べたり、プレゼントをもらったりする日だと思います。

しかし、もともとクリスマスはキリスト教の行事であり、キリスト様の誕生を祝うための日とされています。だから、「(キリスト教の行事だけど) お寺でクリスマスってするの？」という質問をされるわけです。

答えとしては、するお寺もあれば、しないお寺もあるという感じですが……、私のいるお寺ではクリスマスを祝って楽しんでいます。

「日本ではキリスト教の行事だと思ってやっている人ばかりではないし、お寺でもしていいじゃないか」と考えることもできますが、それではちょっとキリスト教の方々に対して申し訳ないと感じます。

宗教者としては、もっとクリスマスを積極的に捉《とら》えたいと思っています。**クリスマスはキリスト教徒にとってはキリスト様の誕生を祝う大切な日であり、喜ばしい日なんです。そんな大切な日なら、一緒にお祝いした方がいいじゃないですか。**

他の人が喜ぶことを一緒に祝える、それって素敵なことだと思いませんか？

「人の幸せを一緒に喜べる」そうあることが仏教の目指すところです。慈悲の心です。

だからクリスマスを祝ってもいいと思うのです。

クリスマスは、意識することは少なくても宗教行事です。クリスマスは誰かにとって神聖で大切な日なんだという、尊重の気持ちとともに楽しむことができたらいいですね。

✤他の人が喜ぶことを一緒に喜べる、慈悲の心

69 見返りを期待してしまったら

「誰かのため」と思って行動したのに、相手に理解されなかったとき、つい「誰かのせい」にしてしまうことはありませんか？

「誰かのため」と行動するとき、いろいろと期待してしまいますよね。

お礼として物品で返ってくるとまでは思わなくても、『ありがとう』って反応がくるかな？」とか、「今後優しくしてくれるかな？」とか……。心のどこかで期待します。

しかし相手が期待した反応でなかったとき、モヤッとするだけでなく相手のせいにして怒ってしまい、のちに自分の言動を悔《く》いて自己嫌悪に陥《おちい》ることもあるかもしれません。

「誰かのため」と行動するとき、「何か得があるかな」と考えてしまうと悩みにつながります。「徳がある」と考えてみましょう。

誰かのために行動する、「利他《りた》」の行いにより、私たちは徳を積むことができます。

自分自身を向上させる修行《しゅぎょう》みたいなものです。**徳が積まれていけば、心の穏やかさにつながっていきます。**そして心の穏やかさは自分だけでなく、まわりの人にも安心感を与えます。

「得をしよう」じゃなく、「徳を積もう」。

こう考えることは、相手の反応に左右されず、人生を主体的に生きることにもつながります。皆でその道を進めるといいですね。

✿「得をしよう」でなく「徳を積もう」

70 お茶の布施、言葉の布施

お坊さんはお家に上がらせていただく機会が多くあります。お仏壇《ぶつだん》の前でお経を読むためです。そしてありがたいことに、お経を読んだ後、家の方がお茶を出してくださいます。

お茶をいただく際には手を合わせます（合掌《がっしょう》）。これは単に「いただきます」をして、家の方や食べ物に感謝しているだけではありません。

家の方がお茶を施《ほどこ》してくださったわけです。その「施し」という尊《とうと》い行いに手を合わせているんです。

施す行為は「布施《ふせ》」と呼ばれ、仏教の大切な修行です。心をよりよく成長させる行いなのです。

そんな布施を行う方を「菩薩《ぼさつ》」と呼びます。お地蔵《じぞう》さん（地蔵菩薩）や、観音《かんのん》様（観《かん》世《ぜ》音《おん》菩薩）と同じ、「菩薩」です。

お茶を施して、布施をする瞬間、その人は菩薩様なのです。その尊い姿や行いに対して手を合わせるわけです。

神様や仏様に手を合わせるときのような、そんなイメージに近い合掌なんですね。

ちなみに布施という修行には、相手を思って優しい言葉をかけるというものもあります。言葉の布施です。

できることから始めて、その尊い行い「布施」を実践してみてください。

✿お茶を出すとき、優しい言葉をかけるとき、その人は菩薩様

71 毒舌をやめる

「話が面白くなりたいなー」と思うことはありませんか？

話は面白くありたいもの。けれども毒舌《どくぜつ》はおすすめしません。

確かに毒舌って面白いです。話のセンスがなくても、人の不幸は蜜《みつ》の味、なにかを悪く言うのは盛り上がります。

しかし、**毒舌が面白いのは健康なときだけ**です。

傷口があると、そこから毒が染み込んで苦しむのと同じ。

自分に関係ない話は楽しいけど、自分が気にしている傷口に毒舌を吐《は》かれることだっていずれ起こってきます。

気分が落ち込んでいるとき、傷心しているときの毒舌はキツイです。

人の調子なんてよいときもあれば悪いときもあるもの。毒舌はかならず嫌がられるときが来ます。

毒舌は悪い方向へと進んでいく行為です（悪業《あくごう》）。よっぽどセンスのあるしゃべりができないなら、よいことはないでしょう。

それよりも、相手のことを思いやる言葉です。

面白くはないかもしれませんが、「面白くなくても別にいいんじゃない？」と私は思うんですが、どうでしょうか？

✻毒舌は悪い行為。嫌がられるときが必ずくる

72 ほんとうの自由

「自由に生きたい」これは誰もが望むことではないでしょうか。しかし、その自由ってなんでしょうか？

想像してみてください。

朝、アラームが鳴ります。もう起きないといけないけれど、まだ寝たい。でも、歯を磨《みが》かなければあと五分寝られる。「もういいや！　寝ちゃおう！」これって本当に自由なのでしょうか？

想像してみてください。

血圧が高い、けどラーメンは食べたい……。「よし食べちゃおう！　だってそれを決めるのは自由だから！」しかし、それは本当に自由と呼べるのでしょうか？

ひとつの考え方ですが、**起きるべきだけど寝る、食べない方がいいけど食べる。これらは欲望に囚われて縛《しば》られている**んです。

別の言い方をすれば、欲望に流されているだけで、全然自由ではありません。

むしろ、その欲望に流されずに、自分で選択できることが本当の自由かもしれません。

物欲ひとつ考えてみても、欲しいものができるとショッピングサイトやＳＮＳにはりつき、掘り出しものがないか探します。挙げ句の果て、欲しいものがなくなっても、ついつい買い物をやめられなくなります。

この欲望に囚われた執着心《しゅうちゃく》や貪欲《どんよく》さは、自由とはまったく逆だと思いませんか？

自由とは、煩悩《ぼんのう》に流されず選択できること。ひとつの考えとして捉えてみてください。

✿その自由、欲望に流されているだけでは？

73 自立と依存

自立した立派な人間になりたい！　依存した人間はイヤ！

SNSで若い学生と思われる方々からそんなコメントをいただくことがありました。

「自立した人間になりたい」そんな志《こころざし》を持てることは素晴らしいのですが、ここではあえて少し立ち止まって、「自立」と「依存」について考えてみます。

「依存」という言葉、私は不思議に感じることがあります。依存するというと、なんだか独り立ちしていないみたいで恥ずかしさすらあります。

しかし、**依存を「依《よ》って存在する」と漢字どおりに読むならば、人間の普通の生き方を表現しているだけ**なのかもしれません。

大人になればなるほど、私たちのまわりにはさまざまな人たちがいて、関わる人々はどんどん増え、世界が広がっていきます。

それはまるで、地図アプリで縮尺をどんどん小さくしていくような感覚です。初めは自分の家だけが映る地図だったのが、町、県、日本全体へと地図がどんどん広がっていきます。

それにつれて、自分の立っている場所がどんどん小さくなって見えなくなり、不安になってしまうことがあります。でも、これは私たちの視野が広がって、多くのものに頼ることで存在していることに気づいた証拠なのです。

つまり**「自立」と言っても、自分だけで立っているわけじゃない**と、注意が必要です。**もし一人で生きていると思うならば、それは自立しているのではなく、孤立している**のでしょう。独りよがりな考え方かもしれません。

人間は誰もが「依存」しながら存在しています。それを理解し、自分自身の立ち位置を認識することこそが、本当の自立への一歩ではないでしょうか。

✼人は依存して生きていることに気づく、それが自立のはじまり

74 考えすぎない

私たち人間は、さいわいにも「考える力」を持っています。それは現状を打破する力であり、考えることは素晴らしいことです。

しかし今、本当に望んで考えているのか、それを確かめてみましょう。

経験上の話になりますが、**悩んでいるときというのは、考えたくて考えているわけではなく、ただずるずると、流されるままに考えてしまっています。**

夜、考えごとをして眠れなかったとき、それは自分が望んで考えていたのでしょうか？

嫌な想像ばかりして気持ちがどんどん塞《ふさ》ぎ込むときもあります。それは「考える力」と呼べるのでしょうか。

あらためて確認ですが、考えることは悪くありません。大事なことです。

しかし、**それは自分が考えていますか？　ただ思いつく考えに流されているだけでは**

ないですか？

ぜひ自分自身を省《かえり》みる時間を持ってください。

そして考えるだけでなく、誰かと会ったり、自然と触れ合ったりして、刺激を受けてください。

✤考えに流されたら、何か行動する

75 どうしても許せないとき

誰もが一度は、「あいつのしたことは絶対に許せない」と感じたことがあるでしょう。「許す」というのは難しい行為です。「相手は許しがたいことをしたのに、どうして許さないといけないの?」と思うかもしれません。

しかし、「許す」という行為は必ずしも相手のためにすることとは限りません。**「許す」とは、自分自身を大切にする行動でもある**のです。

じつは、「許す」という言葉の「許」という漢字には、「みとめる」という意味もあります。通常、「ゆるす」と聞くと、相手のためにする行為だと感じてしまうかもしれませんが、「みとめる」と解釈すれば、それは恨みに支配されて怒り苦しむ自分自身のための行動だと感じられるのではないでしょうか。

「あなたがしたことは許されるべき行為ではない。けれど、私が自分の人生を前進させるために、私はそれを認めます」

そういう視点で「許す」を捉えてみてください。

許すことは、自分を支配する恨みから自由になるための大切な一歩です。比叡山を開いた最澄《さいちょう》様はこんな言葉を残しています。

「怨《うら》みをもって怨みに報《むく》ゆれば、怨みは止《や》まず。徳をもって怨みに報ゆれば、怨みはすなわち尽《つ》く」

恨みごとに、恨みの感情で返していると、連鎖《れんさ》が止まらず、心は濁《にご》っていくばかり。**徳のある行動をすることが恨みを断ち切る**のだという意味です。

相手を「許す」または「みとめる」という行為により、恨みの連鎖を断ち切って、新しいステップへと歩みを進めていきましょう。

✻「許す」のは、恨みから自分が自由になる第一歩

76 怒りの拾い食い

皆さんの中に「食べ終わった物を吐き出して、もう一度食べる」なんてことをする方はいますか。「気持ち悪い！」と思う方が多いかもしれません。

でも、『大智《だいち》度《ど》論《ろん》』という書には、私たちが怒りに囚われている状態が、吐き出したものをもう一回食べるくらい不健康なものだと書かれています。

怒りは突然湧き上がるものですが、じつは私たちが怒った対象は、ほんの一瞬しか存在していません。

たとえば、あなたが誰かに嫌なことを言われて怒ったとしましょう。確かに嫌なことを言ってきた相手はまだ目の前にいるかもしれませんが、怒った原因となる言葉は、もうそこにはないはずです。**私たちはたいてい、目の前にないものを自分の中で思い描いて、怒り続けてしまう**んです。

しかもあろうことか、一度は収まった怒りが、ふとした瞬間に思い出されてまた怒ってしまうこともあります。「一度吐き出した食べ物を再び食べるようなものだ」と比喩《ひゆ》されているのがこのことです。

外に出した怒りを、再び自分の中に取り入れてしまうのです。これは、心の健康にとってよくありません。**怒りの拾い食いはやめたいもの**です。

自分が何に怒っているのか、しっかりと確認しましょう。もうそこにないものに心を奪《うば》われないようにします。そして、イライラしすぎて疲れないように、自分自身を大切にしてください。

✻目の前にないものに心を奪われてないか？

77 粗探しをやめる

人を正しい道に導くために批判することは勇気のいることです。なぜなら相手に疎《うと》まれる可能性があるのはもちろん、自分自身もその正しい道を歩んでいくことを求められるからです。そんなリスクを背負いながらも、自分のために批判をしてくれた人には感謝しないといけないなと感じます。

しかし、ときに私たちは他人の粗《あら》探しをしてしまいます。「こんなこともできないのか」「あの人はダメだね」——相手が何かをできない様子を見たとき、私たちは自分が優れていると感じたり、安心感を得ることがあるからです。

そこに相手を正しい道に導くという目的はなく、ただ、相手を傷つけたいだけです。しかも同時に、自分自身の生きづらさを加速させてしまう行為にもなってくるでしょう。

気づいていますか？　人を否定したり、こうあるべきと言うたびに、自分の自由も狭《せば》

まっていることに。

人の批判をすれば、それは自分に返ってきます。自分の放った言葉が自分を縛《しば》る枷《かせ》となるんです。自分で作った枷に縛られて、身動きが取れなくなっていないでしょうか。

お経にはこんな一説があります。

「他人の過失を見るなかれ。他人のしたことと、しなかったことを見るな。ただ自分のしたことと、しなかったことだけを見よ」（『法句経《ほっくぎょう》』50）

この言葉は、よりよく生きようと願う人のための教えだと思います。

せっかくの貴重な人生です。**他人の粗探しをして、他人のことばかり考えるのではなく、自分のために生きていきたいですね。**

✻自分の放った言葉に、自分が縛られる

78 生き方の物差し

「仏教と出会ってよかったことってありますか？」と聞かれたとき、いろいろなことが思い浮かびますが、その中で一つ挙げるならば「物差しが増えたこと」じゃないかと思います。

社会的な評価につながらなくても、仏教的には成長したからＯＫ。

そんな物差しです。

誰かが見ているかどうかにかかわらず、ゴミを拾えば1ポイント、仏道ポイントが加算されます。

よくない感情が湧いてきたときに、冷静に向き合えればまた1ポイント。

そう考えると、たとえ誰かが褒《ほ》めてくれなくても、たぶん仏道は歩めたかな？　少し心がいい方向に向かったかな？　と、前向きな気持ちになれます。

すると、素直に自分が行ったよいことに満足できるようになります。

打算的に考えて、評価されるために行動するよりも、スッキリして自由に生きられると思います。

悶々《もんもん》として、心ここにあらずなことが、少し減ると思います。

心を成長させる生き方の物差しとなる仏教。おすすめです。

✿仏道ポイントをアップしてさわやかに生きる

79 努力は報われないか？

私たちは目標に向かって努力をします。試験に合格するため。試合に勝つため。子どもを立派に育てるため。しかし、その努力が結果に現れないことは残念ながら多いものです。そしてそんなとき、こう思います。

「努力は報《むく》われないものだ」

確かに、幻想のような期待を持っても裏切られるときのことを思えば、〝報われないもの〟と心構えしておくこともよいかもしれません。

しかし、〝何をもって報われるとするのか〟、そんな視点も大切にしたいものです。

自分の思い描いたとおりの結果にはならないかもしれません。

しかし自分の努力、試行錯誤《さくご》してきたことはまぎれもない事実。無かったことにはなりません。

努力は経験値となります。

仏教では努力から得た経験値を「功徳《くどく》」と呼びます。徳を積むと言えばわかりやすいでしょうか。

徳を積むと心が成長します。努力してきた人は、他人の努力の苦労もわかるので、人の苦労も完全な他人事《ひとごと》ではなく、自分と重ねあわせ、優しくなれるのかもしれません。努力にはそんな人間的成長がきっとあります。「報われない」とするだけでなく、そんな視点もあったらいいなと思います。

✲努力は経験値＝功徳。心の成長になる

80 もっと早く知っておきたかった

「もっと早くにこれを知っていればなあ」と後悔《こうかい》すること、ありませんか？

私たちは、新しいことを知ったときや便利な道具を使ったときに、

「こんなに便利なものがあったのか！　これまでの時間を返してほしい」

と感じることがあります。

また、人との出会いも同じです。

「もっと早くこの人と出会っていたら、自分の人生はもっとよい方向に進んでいたのかなあ」

と考えることがあるかもしれません。

しかし、**このタイミングで出会ったからこそ、そのよさに気づいたのではないでしょうか。**

それ以前に出会っていても、その人や道具のよさに気づけなかったかもしれません。

私たち自身が成長し、よいと思える感性が育ったからこそ出会った、といえるかもしれません。

現在の私たちは、過去の出来事や周囲の人々とのさまざまな経験から成り立っています。私たちの人生は、たくさんのご縁によって形作られています。

今、目の前にあるもののよさを理解できるのは、今までの経験の積み重ねがあったからです。ですから過去の遠回りを無駄《むだ》だったと思わないでください。

「もっと早くに知っていればよかった」という後悔ではなく、「今このよさを理解できた素晴らしさ」を感じたいですね。

✽これまでの経験があったから、今そのよさが理解できる

第5章 「生き死に」と共に

81 人生の尊さ

お坊さんは多くのお葬式《そうしき》に関わらせていただく機会があります。さまざまなお葬式がありります。百歳で亡くなる方もいれば、若くして亡くなる方もいます。

人は皆死ぬ。この事実は誰もが知っています。

しかし、いつ死ぬのかというのは誰も知りません。

唯一《ゆいいつ》確かなことは、私たちは日々、そして一秒ごとに死に近づいているということです。

「できれば長く生きたい」

そう願いますが、叶《かな》わないこともあります。

そんな儚《はかな》い人生ですが、私が大切にしているお釈迦様の言葉を紹介させてください。

「人生の尊《とうと》さは、生きた長さではなく、どのように生きたかだ」

どんな年齢であっても、その一日を、徳を積むこと、心静かに過ごすこと。それが尊いことだと説かれています。

「素行《そこう》が悪く、心が乱れていて百年生きるよりは、徳行あり思い静かな人が一日生きるほうがすぐれている」（『法句経《ほっくぎょう》』110）

生きた時間の長さではなく、どう生きたかを問うています。

少なくともそれはひとつの価値観として、いつ死ぬのかわからない私たちにとって重要な教えだと思います。

ぜひ一度、考えてみてください。

✽人生は「生きた長さ」ではなく「どう生きたか」

82 かわいそうなこと

道路で動物が死んでいたら、まず何をしますか？

「どこかに連絡したらいいのかな？」と思うことはあっても、どこに連絡していいかがわからない方も多いと思います。

もしかしたら、「誰かが連絡するだろう」と思って見過ごす場合もあるかもしれません。

じつは「＃９９１０」（国土交通省「道路緊急ダイヤル」）という番号に電話すれば、指示どおりに答えていくと行政の方が対応してくれます。ぜひ覚えておいてください。

ただ、連絡する前に、まずすべきことがあると私は思うのです。

死んでいる動物を見たときに、「うわっ」と思っていませんか？

それは、かわいそうです。

その動物は生きているときには、「かわいい、かわいい」と言われていたかもしれま

せん。それが死んだとたん、気持ち悪がられる存在となってしまうのは、かわいそうです。

だからまず、手を合わせて「南無阿弥陀仏《なむあみだぶつ》」と言いましょう。

そうすれば自分の心も穏やかになりますし、その動物自身も穏やかな世界に旅立てます。

手を合わせて「南無阿弥陀仏」。ぜひ覚えておいてください。

✿手を合わせて「南無阿弥陀仏」。穏やかな世界に送り出す

83 いつ死ぬのかわからない

「いつ死ぬのかわからないのが怖い」

この感覚は、多くの人が一度は持つものかと思います。一方で、そんな恐怖を感じるのは一時的なことで、いずれは慣れて忘れていくことも多いようです。

しかし、**「いつ死ぬのかわからない」という感覚は、**まったくそのとおり、どうすることもできない事実です。

そして同時に、**大切なものではないでしょうか。**

じつはお釈迦《しゃか》様という人物は、いずれ自分が老いて病《やまい》になり死んでいく事実を恐れて修行《しゅぎょう》を始めた人なんです。そして同時に、その恐怖のメカニズムと解決法を導き出した人です。

恐怖・苦しみから抜け出していく人は、まずその恐怖・苦しみを受け入れた人なんですね。

正直、皆がお釈迦様の示した道、仏道を歩む必要はないでしょう。

しかし、この瞬間も死に向かっている事実を受け止め、この一瞬を、「今ここ」で生きていく。メメント・モリ、死を忘れるなかれ、のような普遍的な精神はあっていいんじゃないでしょうか。

そうしてこの一日を大切にして生きていれば、自分が命終えるときに少しは安らかでいられるのかもしれません。

✿いつ死ぬのかわからない。だから一瞬・一日を大切に生きる

84 夏の哀愁

夏はどこか哀愁《あいしゅう》、物悲しさを感じる季節です。照りつける太陽、海。そんなイキイキとした景色の反面、心の中には物悲しさがある気がします。

以前に聞いた話ですが、夏に哀愁を感じるのは日本人独特の感性であり、お盆のような弔《とむら》いの行事や終戦の時期などが重なり育《はぐく》まれたそうです。真偽《しんぎ》はわかりませんが、少なくとも私はお盆を過ごす中で、物悲しさを感じることがあります。

お寺との付き合い方は皆さんさまざまです。一年に一度、お盆のときだけお会いする方もたくさんいます。年に一度しか会わないとなると薄い付き合いかもしれませんが、逆に、**たまにしか会わないからこそ、一年間の変化を感じることも多い**ものです。

たとえば、子どもの成長に驚かされます。おじいさんには「去年よりも体に疲れが出てるかな？」と感じることもあります。

そんな中、お経を読み終わったら「今年もありがとうございました」と帰ります。今

年も、ということは「来年も」お参りできることを期待しています。一年一年、世間の様子は変わりますし、お参りするご家族の様子も変わっていきます。去年は私の後ろで手を合わせていらした方がお亡くなりになり、正面のお仏壇から見守ってくださることもあります。変化していく世の中、無常を感じます。

しかし、そんな無常の世の中にあって、私は変わらぬことを願っています。

「また来年も同じくお参りできますように」

無常という道理からいえば、どうしようもない願いです。叶わないこともあります。

しかし、ふと、今年はひとまずお参りすることができた幸せを感じます。

変わっていく世の中で、来年はどうなっているかわからないからこそ、今年のこの瞬間が有《あ》り難《がた》いんです。物悲しさと幸せが同居した、そんな感性って誰しもあるんじゃないかなと思うんです。

皆さんにとって夏はどういう時期ですか？

✽変化する世の中で、変わらないことの幸せ

85 別れの悲しみ

「親しい人が亡くなって、日が経ったのにいつまでも涙が出てしまう。これはよくないですか？」

と聞かれることがあります。

悲しみの感じ方は人それぞれです。

まず、性格的な要素もあるでしょう。そしてなにより、**いつまでも悲しいと感じてしまうほど、たくさんの思い出があったということ**です。

思い出は自分の一部です。

思い出が「今」を形作っています。

だから思い出の人との別れは、本当に自分が欠けた感覚になるんです。当然それは簡単に立ち直れるものとは限りません。

すぐに受け入れられる人もいますが、耐えられないと感じる人がいてもおかしくないです。

泣きたいときにはしっかりと泣いて、あーまだまだ悲しいんだなと、自分の思いと正直に向き合っていきましょう。

✿自分の一部が欠けた感じ、それが別れ

86 火葬は怖くない

火《か》葬《そう》されるのが怖いという方がいます。

確かに、火葬により、慣れ親しんだ人のお体が骨だけとなる、この変化は大きな衝撃です。火葬場の炉《ろ》に入る瞬間は、なんとも言えない寂しさがあります。

「火に焼かれるのが怖い」

「火に焼くのがかわいそうだ」

と考える方がいらっしゃっても不思議ではありません。

僧侶《そうりょ》として言わせていただきたいことがあります。

火葬の火はただの火ではありません。

仏様の「智慧《ちえ》の火」です。

お葬式の中でお唱えしている文言《もんごん》には以下のようにあります。

「これはただの火ではない。仏様の智慧の火である。煩悩《ぼんのう》、すなわち**今まで抱えてい**

た迷いや悩みを燃やし尽くす火なのだ」

火葬の火は、焼かれて苦しむものではなく、**穏やかな世界へと導く火**なのだとご理解ください。

✿火葬の火は仏様の「智慧の火」

87 死を受け入れる

多くの方にとって仏教と接する機会は、人の死に関するタイミングが多いのだと思います。しかし仏教が「死」をどのように扱っているかという点で誤解されている面もあるようです。あるとき、このようなことを言われました。

「人はどうせ死ぬもの。死に対して悪あがきしている仏教なんて信じんぞ！」

私は皆さんに仏教を信じてくださいと言うつもりはありませんが、生きるうえで素晴らしい教えだと思っていますので、反論させていただきます。

死に対して悪あがきするのが仏教ではありません。死を受け入れるのが仏教です。

死はひとつの現象として皆に訪れます。

老いることや病気になることと同じように、自然の摂理《せつり》として訪れるものです。これは受け入れるしかありません。

しかし、身近な人が亡くなると悲しくなりますし、死が怖いときもあります。

この死に対する「悲しさ」と「恐怖」を克服《こくふく》するのが仏教です。「死」を克服するのではありません。違いがわかっていただけるでしょうか？

死という現象と、それに対する感情を切り離して考えるのです。

冷静に現象を受け入れ、その現象に反応する自分と向き合います。

それは死と向き合い生きていく、前向きな姿勢であり、決して悪あがきなんてものではありません。

✿死と向き合い、生きていく前向きな姿勢

88 お葬式は旅立ちの場

お葬式のことを「告別式」という場合があります。「人の死は別れであり、悲しい」そんな私たちの素直な気持ちをよく表している名前だと思います。

しかし、じつはお葬式は別れの場というだけではありません。

「旅立ちの場」です。

亡くなった方が生前の苦しみや悩みを手放し、安らかな存在、仏としての新たな人生に一歩を踏み出す瞬間であることを意味します。これを「往生《おうじょう》」と呼びます。

そして、この旅は、**亡くなった方が先に旅立った家族や友人たちと再び会う機会**でもあります。これを「倶会《くえ》一処《いっしょ》」といいます。

今を生きる私たちにできることは、亡くなった方の旅が幸せであることを祈り、その旅を心から応援することでしょう。

あとは、自分たちの人生に起こった出来事や思い出を大切にしておくこともいいでしよう。楽しいことも苦しいことも含めた日々の出来事や思い出を「土産話《みやげ》」として心に留《とど》めておくんです。

なぜなら、**今日という一日は、亡くなった方にとっては生きることができなかった日**なんです。なによりのお土産ではないですか？

いずれ自分が命終えて旅立ち、向こうで再会を果たしたときに、酸《す》いも甘いも含めたエピソードをお土産として話せるよう、生きていきませんか？

✿亡くなった方へのお土産にできるよう、今日を生きる

89 お焼香

「お焼香《しょうこう》って何回すればいいの？」とよく聞かれます。

インターネットで調べてみると、「宗派によって違う」と説明される場合があるようです。確かに私のいる天台宗では、お坊さんの作法として決まっていることはありません。しかし皆さんが何回すればいいかは、正直なところ決まっていません。他の宗派でもこれと決まっているわけではないことが多いようです。

でも、**お焼香で大切なのは回数ではない**のです。

「気持ちが大事ってことね？」と思った方、確かに気持ちは大切です。けれども、そもそもお焼香って何をしているのか考えてみてください。

お香を燃やしているんです。

お香が燃えた、香りをお供《そな》えしているんです。

お焼香したときの香り、思い出せますか？　お香の種類によってまったく違います。

毎回違うはずです。

回数に気を取られて、気持ちを大事にしすぎて、今この感覚、香りを蔑《ないがし》ろにしていませんか？

お香はお供えするものだから、個人的にはマイ焼香を持ち歩いています。

備え付けのものを使う際にも、その香りをしっかりと確かめてください。そのうえで、

「この香りが大切な人に届きますように」

そんな気持ちをこめてみてください。

✿お焼香で大事なのは、香りを届けること

90 お彼岸とお盆の違い

「お彼岸《ひがん》」がどういう時期か、皆さんご存じでしょうか？

「お彼岸」と同じく仏教由来の行事として「お盆」があります。「お彼岸」と「お盆」、どちらもお墓参りに行くなどして、ご先祖様を大事にする時期ですが、「お彼岸」は「お盆」とは何が異なるのでしょうか？

「お彼岸」は年に二回あり、「春分の日」と「秋分の日」の前後三日間を含む一週間のことを指します。「春分の日」「秋分の日」は昼と夜の長さが同じ日であり、太陽が真東から出て真西に沈む日でもあります。

ご先祖様がいる極楽浄土《ごくらくじょうど》は西の彼方《かなた》にあるので、ご先祖様に思いを馳《は》せるときには、まず夕日を思い浮かべなさいと言われるのですが、お彼岸は太陽が真西に沈むので、よりイメージが明瞭になる時期でもあるんですね。

一方、「お盆」は、八月十三日から十六日の四日間です（一部地域では七月）。この時期はご先祖様がこの世に帰ってくるとされ、家族は帰ってくる目印として提灯《ちょうちん》を出したり、食べ物を供えるなどしてお迎えします。

では、お彼岸とお盆で、何が違うのでしょうか？　**お盆はご先祖様が仏様の世界から「帰ってこられる」ことを強調します。一方、お彼岸は私たちが仏様の世界に「近づいていく期間」といえるでしょう。お盆とは性格が逆なんです。**

お彼岸は、穏やかな仏様の心に近づくために、よいことをする期間です。「善行《ぜんぎょう》強化週間」なんですね。

たとえば、優しい言葉をかける善行に、「愛語施《あいごせ》」があります。家族に「いつもありがとう」と言ってみることです。またお墓にお参りに行ったら、自分の近況をご先祖様に報告して喜んでもらってください。

せっかくなら、善行にあふれた気持ちよいお彼岸を過ごしていきましょう。

✿お彼岸は仏様の心に近づくための「善行強化週間」

91 お坊さんはお経を覚えていない？

私たち僧侶が『般若心経《はんにゃしんぎょう》』のような短いお経を、お経本を見ながら読んでいると、

「あ、あのお坊さん。般若心経すら覚えてないんだ」

と思われることがあるそうです。

確かにお経と向き合ううえで、暗記して読むことは大事な要素の一つです。

しかし、**覚えているお経であっても、あえて本を見て読むこともまた大切**なんです。

私が教えられたのは、

「自分の力だけで読んだ気になるな。お経に読ませてもらっていると思いなさい」

ということです。

文字そのものには、読ませる力が備わっているのです。お経の文字の力によって読ませていただくわけです。

お経を読む自分の力と、お経が持つ読ませる力。

二つの力が相乗効果となって、いい読経《どきょう》になる。
そういう意味だと理解しています。
覚えているお経であっても、お経本を見て読む時間は大切なものですよ。

✿「お経に読ませてもらっている」感覚が大切

92 見えなくても

二月十五日は仏教ではとても大切な日。お釈迦様の命日です。涅槃《ねはん》の日と呼んでいます。命日といっても悲しむための日ではありません。感謝するための日です。

「涅槃を現ずるは、喩《たと》えば月蝕《げっしょく》のごとし」（『大般涅槃経《だいはつねはんぎょう》』）

人は命を終えても消えてしまうわけではない。そうお経にはあります。

人が亡くなれば火葬と埋葬《まいそう》をします。私たちは生前の在《あ》りし日の姿を見ることはなくなります。けれどもそれは、月が見えなくなることに似ています。

月の満ち欠けによって月が見えなくなっても、月がなくなったわけではありません。確かに存在しています。

そして**見えなくなっても、月の存在を私たちは感じることができます。**海の潮の満ち引きは月の引力《いんりょく》によって起こるそうです。

ということは、海を見て、潮の満ち引きがあれば、それは月が存在しているというこ

とです。月の存在は海に現れます。

人の場合でも同じじゃないでしょうか。

姿は見えなくても、消えたわけじゃありません。**月の存在が海に現れるように、亡くなった方の存在は私たち自身に現れる**のです。

ものの考え方、生活習慣、いろんなところに亡くなった方の影響が現れていて、その姿を通して亡くなった方を感じられます。

二月十五日は、お釈迦様の教えにもとづいた生活が私たち自身にどう現れているかを確認し、感謝する日なんですね。

✿命を終えても消えてしまうわけではない

93 死ねなかった人

TikTok 視聴者の方から寄せられたエピソードをご紹介します。

その方は何度も自殺を考えたことがありました。意を決し、実行しようとしたことも一回や二回ではないそうです。

しかし、死を決意して行動に移したときには必ず、死に場所と決めたところに大嫌いな蜘蛛《くも》がいて諦《あきら》めるのだそうです。

そのお話を聞いて、不思議なものだなと感じました。

まるで蜘蛛が「生きよ」と言ってくれているようです。

少なくとも私は、そう受け取りました。

意識する、意識しないにかかわらず、私たちはたくさんのご縁の中で生きています。

ご縁とは私の感じる世界のことです。

その私の触れる世界、**ご縁自体は中立なものですが、これをよいものにしていくか、**

悪いものにしていくかは私たち次第です。

この視聴者の方は、大嫌いな蜘蛛を転じて大切なご縁とされた、ということです。

ありがたいお話だと思いました。

❇たくさんのご縁の中で、ご縁を活かして生きる

94 亡くなった方からのメッセージ

お葬式は亡くなった方の生きた姿を振り返ると同時に、新たなスタートを見送る場です。手を合わせ、思い出を語り、感謝の言葉を送ります。

しかし一方で、亡くなった方も私たちに向けてメッセージをくださっているのです。

私が尊敬する先輩僧侶から聞いた言葉を紹介します。

「亡くなった方は、自分の死を通じて教えを与えてくれているんだよ。

『誰でもいつかは死ぬもの。じゃあ今生きているみんなは、どう生きていくの？』

そうメッセージを伝えてくれている。まさに説法《せっぽう》しているんだよ」

「死ぬこと」と「生きること」は密接に関連しています。

生きることを考える際には、死を見据えて行動していきます。同様に、**死と向き合うことは、生きることを考えることでもあります。**

お葬式に参列する機会があれば、亡くなった方が身をもって示してくれたメッセージ

をしっかりと受け取ってください。

そして、亡くなった方のメッセージに応《こた》える形で、自分たちの生き方を示してあげてください。

✿誰でもいつかは死ぬもの。ではどう生きる？

95 散る桜、残る桜

「散る桜　残る桜も　散る桜」

江戸時代、良寛《りょうかん》というお坊さんが詠《よ》んだ句です。辞世《じせい》の句とも言われています。

散っていく桜を見ると、「あー、桜ももう終わりかぁ」と少し寂しさを感じます。

良寛さんは、ふとそこで再び桜の木に目を移し、まだ咲き誇る桜の花びらたちのことを思います。

あー、この桜たちもいずれは散っていく桜なんだな。

この世のすべては移りゆく。無常を感じた、そういった句です。

この句は桜に、私たち「人」の姿を重ね合わせています。

「散る桜」は命を終える者の姿。

「残る桜」は今を生きる者の姿です。

僧侶として、亡くなった方の供養《くよう》をさせていただくことが多くあります。

供養は基本的に亡くなった方を弔《とむら》うために行います。

けれども一方で、良寛さんが散る桜から残る桜を思ったように、**亡くなった方への供養を通して、生きることを学ばせていただきます。**

「私たちも同じく散ってゆく身。じゃあ自分が今を生きる姿を、亡くなった方に見ていただこう！」

そんな気持ちで手を合わせます。

「散る桜　残る桜も　散る桜」

私たちの生きる姿を問うてくれる句ではないでしょうか。

✿今を生きる自分の姿を、亡くなった方に見ていただく

96 死後の世界はあるか?

「死後の世界ってあると思いますか?」

お坊さんとして聞かれることの多い質問です。

私は「あるとしか思えない」というのが答えです。

もちろん実際のところはわからないけれども、経験的にそう思わずにはいられない、という感じです。

この感覚をたとえるために言うのですが……皆さんは、明日ってあると思いますか?

当然のように明日の予定や一ヶ月先の予定を立てていて、「明日が来ないかも……」と思いながら日々を過ごしている人は少ないと思います。

しかし考えてみると、明日が来る保証はどこにもありません。事故に遭《あ》うかもしれませんし、天変地異が起こるかもしれません。

それでも私たちが明日は来ると思えるのは、今まで何千日、何万日と、その明日を迎えることができたからじゃないかと思うんです。

では、死後の世界ってあるのかな？　と考えたときに、私は僧侶ですから、故人が死後の世界で安らかに過ごしている前提で、毎日何度もお檀家さんたちと手を合わせてお経を読むんです。

たくさんの人たちと何度も手を合わせてお経を読んでいるうちに、死後の世界はあるとしか思えなくなるんです。

明日が来るという感覚と同じように、死後の世界はあるんだと、そう「思わさせられる」。そんな感覚に近いのかなと思います。

❇明日が来るのと同じように、死後の世界はある

97 今と死後

死後の世界はあると思う。そんな私自身の感覚の話をすると、

「死後の世界は存在しないと思った方がいい。なぜなら大事なのは、今を大切に生きることだから」

というご意見をいただいたことがあります。皆さんはどう思われますか？

今を大切に生きることが大事であることは、そのとおりだと思います。

しかし、それは死後の世界があると考えることと反するものではなく、むしろ死後の安心があるからこそ、今をのびのびと生きられるのではないかと思っています。

かつて中国に曇鸞《どんらん》という僧侶がいました。この方は、「蟬《せみ》は夏を知らない」と言いました。

蟬は春・秋・冬の季節は地中で過ごし、夏になると地上に姿を現します。「夏に生きているんだから、夏は知っているでしょう？」と思いたくなります。

しかし、たとえば私たちが「夏は暑いなあ」と感じるのは、その他の季節を知っているからです。

春と秋と冬を生きているからこそ、夏の暑さを知るのです。

「今を生きる」私たちも、死を考え、死後の世界に思いを馳《は》せてみれば、この今の人生がより鮮明に見えてくるのではないでしょうか。

死後の世界で再び会えるという安心のもとで、この人生を、出会いと別れをくり返しながらも進んでいけるのではないかと思うのです。

✲死後の安心があるからこそ、今をのびのびと生きられる

98 お墓は怖い場所？

私はお寺に生まれました。ですから幼い頃からお寺で暮らしてきました。

昔、同級生たちによく聞かれていた質問があります。最近はインターネットで発信するようになり、また聞かれることが増えてきました。その質問とは……、

「お寺に住んでいると、お墓って怖くないの？」というものです。

正直いって、ずっとお墓の横で暮らしているわけですから、怖いという感覚はありません。一種の「慣れ」なのかもしれません。

しかし「慣れ」以外の理由でも、お墓は怖くない場所だと言いたいのです。

お墓は亡くなって、供養された方々が埋葬されている場所です。成仏《じょうぶつ》した人たちが眠っている場所です。だから怖がる理由はないはずなんです。

おまけに、お寺にあるお墓は、私たちお寺の者が供養させてもらった方々のお墓です。

つまり、お坊さんにとっては、いちばんよく知っている方々が眠っています。

お墓は怖い場所じゃなく、安心できる場所です。
ご先祖様が仏様の世界から見守ってくれている場所です。
ぜひお参りするときには手を合わせて、安心して心を通わせてくださいね。

✤お墓はご先祖様が見守ってくれる、安心できる場所

99 本物の仏教

「日本の仏教は本物ではなく、オリジナルからかけ離れている。本当の仏教とは……」そんな言葉を聞くことがあります。

仏教はインドから中国、そして日本へ伝わりました。地域ごとの価値観と時代の変化が加わり、現在の仏教が日本独自の形であることは確かでしょう。

しかし、**オリジナルを忠実に再現することが正しいのか、私には疑問です。**

たとえば、自宅でバーモントカレーを食べていると、「それは本物のカレーではない。私は本場のカレーを知っている。こういうものだ！」と言われるような感じです。確かに本場のカレーとは異なるかもしれませんが、私にとってのカレーはバーモントカレーや CoCo 壱番《いちばん》屋のカレーです。それらも私にとっては本物なのです。

つまり、時代や地域によって、その土地に合った形で、仏教が発展してきたということです。

私は日本で培《つちか》われた仏教に触れ、その教えを受けながら生活していますが、日本の仏教を通じてお檀家さんと生死に関わる儀礼をともに行い、死と向き合います。日本の仏教を通じて自己を省《かえり》みています。

だから私は**オリジナルそのままでなくても、お釈迦様の教えと違うことはない**。そう思っています。

✿オリジナルでなければ本物ではない、のか？

100 今を楽しむ

仏教でいう「幸せ」ってどんなものでしょうか？

永遠のいのち？　望んだものはなんでも手に入る？

それもいいですが……。

たとえば、朝目覚め、家の外に出て、たまたま目にした花が美しい。それが幸せではないでしょうか。

今食べているカレーライスがおいしい。そう感じられるのが幸せだと思うんです。

平たくいえば「今を楽しむ」ということでしょう。

じゃあ、今を楽しむにはどうするか？

まずは「変化を受け入れること」です。世のすべては変化していきます。だから自分の望む形には留《とど》まってくれません。

でも、その**変化を受け入れるからこそ、今日の花は美しく、今日のカレーはおいしく**

感じるんです。

すべての瞬間がその時だけの出会いです。かけがえのない瞬間です。味わわなければもったいない。

変化を受け入れることが、今を楽しむ第一歩、仏教の幸せへの歩みです。

✽変化を受け入れることが幸せへの第一歩

著者略歴

小林恵俊。天台宗姫路山正明寺法嗣。

一九九一年、兵庫県に生まれる。兵庫県立姫路西高等学校から京都府立大学文学部日本・中国文学科へ進学。卒業後は天台宗の僧侶育成機関である比叡山の叡山学院に入学。仏教専修学科を修了。

二〇一七年より姫路市の正明寺で法務に従事するかたわら、法話による伝道を行う。二〇一九年には「H1法話グランプリ～エピソード・ZERO～」にて審査員奨励賞。二〇二〇年よりYouTubeやTikTokを通じて法話を発信。TikTokのフォロワーは一〇万人を超える。

さらりと生《い》きてみる
——自分《じぶん》がほどける1分法話《いっぷんほうわ》

二〇二三年一二月 八 日　第一刷発行
二〇二四年 一 月二八日　第二刷発行

著者　えしゅん
発行者　古屋信吾
発行所　株式会社さくら舎　http://www.sakurasha.com
東京都千代田区富士見一-二-一一　〒一〇二-〇〇七一
電話　営業　〇三-五二一一-六五三三　FAX　〇三-五二一一-六四八一
編集　〇三-五二一一-六四八〇
振替　〇〇一九〇-八-四〇二〇六〇

装丁　アルビレオ
イラスト　くにともゆかり
印刷・製本　中央精版印刷株式会社

ISBN978-4-86581-408-8